中国社会科学院
老年科研基金资助

中国社会科学院老学者文库

郭沫若与孔孟之道

黄侯兴◎著

中国社会科学出版社

图书在版编目（CIP）数据

郭沫若与孔孟之道 / 黄侯兴著 . —北京：中国社会科学出版社，2016.3
（中国社会科学院老学者文库）
ISBN 978 - 7 - 5161 - 7495 - 1

Ⅰ.①郭…　Ⅱ.①黄…　Ⅲ.①郭沫若(1892～1978)—孔孟之道—研究
Ⅳ.①B222.05

中国版本图书馆 CIP 数据核字（2016）第 017945 号

出 版 人	赵剑英	
责任编辑	郭　鹏	
责任校对	韩海超	
责任印制	戴　宽	

出　　版	中国社会科学出版社	
社　　址	北京鼓楼西大街甲 158 号	
邮　　编	100720	
网　　址	http://www.csspw.cn	
发 行 部	010 - 84083685	
门 市 部	010 - 84029450	
经　　销	新华书店及其他书店	

印刷装订	三河市君旺印务有限公司
版　　次	2016 年 3 月第 1 版
印　　次	2016 年 3 月第 1 次印刷

开　　本	710×1000　1/16
印　　张	10
插　　页	2
字　　数	133 千字
定　　价	39.00 元

凡购买中国社会科学出版社图书，如有质量问题请与本社营销中心联系调换
电话：010 - 84083683

目　录

自　序

　　郭沫若是一位明确表示尊孔的并有着重要影响的历史学家。不过，他的尊孔，呈现出一种波浪式的起伏，即尊孔，批孔，再尊孔。为什么会出现这种起伏的现象？这是今天仍值得我们研究和讨论的问题。

　　在"五四"新文化运动低潮期，远在日本留学的郭沫若，发表了"我们崇拜孔子"的见解，并批评国内那些反孔斗士"诬枉古人"。20世纪20年代中期，在同国家主义者的论争中，郭沫若甚至认为，孔子的思想学说与马克思主义有相通之处，发表了《马克斯进文庙》《讨论〈马克斯进文庙〉》等文。

　　流亡日本十年间，在日本宪警监视下，郭沫若潜心于中国古代历史和古文字的研究，以及中国古史分期研究，成绩斐然。在《中国古代社会研究》一书中，郭沫若证实了中国同西方各国一样经历过奴隶制时代。孔子生活的春秋后期，正是奴隶制向封建制过渡的转型期。郭沫若批评了孔子美化西周、坚持复古的政治倾向，批评了以孔、孟为代表的先秦儒家的折中主义，说"儒家理论的系统，全体就是这样一个骗局，它是封建制度的完整的支配理论"。

　　但是，到20世纪40年代中期，郭沫若在重庆，他于《十批判书》一书中，对孔子的态度发生了逆转，重新回到了尊孔的立场上来。他检讨《中国古代社会研究》一书写得"太草率，太性急了，其中有好些未成熟的甚至是错误的裁断"。郭沫若通过自我批判，把古史分期奴隶制的下限，从西周推后到了春秋战国时代，一直到秦统一中国之前。郭沫若以孔子支持乱党等史料为由，论证孔子是顺应时代潮流的开明儒者，而不是复古倒退的保守主义者，从而为孔子翻了案。

对于郭沫若在《十批判书》中的这种"批判"，我实在不敢苟同，斗胆地做了"再批判"；至于再批判是否言之成理，则有待读者"再再批判"了。

毛泽东说："十批不是好文章。""十批"即《十批判书》。"十批"是不是好文章，这是可以讨论的学术问题。但是20世纪70年代中期，在"四人帮"主导的"批林（彪）批孔（子）"的政治运动中，郭沫若及其《十批判书》，却被作为"批孔"的对象加以讨伐。这是对郭沫若的政治迫害，也是把学术问题政治化了。

我出版过《孔子与〈论语〉》一书，现在又写了《郭沫若与孔孟之道》，试图对郭沫若的先秦儒家文化史观做一番评述。郭沫若对孟子的评论较少，而且基本持批评的态度。因此本书附加了我的《孟子论》，想对孟子思想学说的进步性与局限性进行较系统的论述，以补不足。我同样期待着读者对《孟子论》提出批评意见。

黄侯兴

2014 年 12 月

第一章 崇拜孔子与鼓吹叛逆

一 "我们崇拜孔子"

在中国现代文化史上，崇拜孔子，不独郭沫若一人；然而郭沫若却以独特的方式表达他的崇拜孔子的文化心理。

这就是说，在"五四"新文化运动中的反孔声浪中，郭沫若对孔子及其所代表的先秦儒家思想文化的崇拜与敬仰，并非故意唱反调，而是他的发自肺腑之声，是他在早年饱读国学经典著作的基础上对孔子和先秦儒家的礼赞。

所谓独特，还在于"五四"前后输入的近代西方的科学和文化，特别是马克思主义，郭沫若从中发现了马克思主义学说同孔子思想在出发点和基本点上的一致性，这就更加坚定了郭沫若尊孔的立场与信念。

郭沫若像

一百年前的辛亥革命，推翻了清王朝政府，它的伟大而深远的意义，在于从此结束了中国长达数千年的封建帝制。但是这场革命是不彻底的，政权很快就落入北洋军阀的手里。虽然袁世凯称帝、张勋拥戴溥仪复辟等丑剧都失败了，但保皇派仍甚嚣尘上。有人鼓吹将维护"三纲"的孔教列为国教，并写入《宪法》。孔子已经成为复辟帝制的工具；孔教思想严重阻碍了中国走向民主共和之路。

正是在这种文化背景下，1917 年，《新青年》杂志在倡导"文学革命"的同时，举起了"民主"与"科学"两大旗帜，由陈独秀、易白沙、李大钊、吴虞等激进的知识分子，提出了重新评价孔子的问题，抨击了历朝历代尊孔读经的文化专制主义，批评了"三纲五常"对于人性的戕害，指出了它是维系封建宗法制度的理论纲领。后来鲁迅在小说《狂人日记》中把儒家的"仁义道德"概括为"吃人"二字，尤为深刻。一时间，在思想界、文化界、学术界、教育界掀起了一股强大的反孔浪潮。

这就是 20 世纪初在新文化运动中出现反孔声浪的历史必然性。

此时，郭沫若正在日本九州帝国大学医科读书。他曾经用抒情的诗句礼赞"五四"反帝爱国运动，以满腔的热忱讴歌古老的中国"更生"了、"涅槃"了，对新生的祖国充满着期待。然而他对当时国内的反孔大潮却没有反应；我们从新诗集《女神》中的诗剧《棠棣之花》，多少可以领悟到诗人郭沫若对先秦儒家尊崇的心理。

1922 年，新文化运动进入低潮期。这年 9 月，梅光迪、胡先骕、吴宓等人在南京创办了大型学术刊物《学衡》，其宗旨为"昌明国粹，融化新知"，反映了文化保守主义者对批判封建专制主义和封建纲常伦理极度不满的怀旧情绪；他们攻击新文化运动的启蒙主义者是"政客""诡辩家"。他们站在时代主潮的对立面去了。

孔子像

就在新文化运动低潮期，1923 年 5 月，郭沫若发表了《中国文化之传统精神》一文，不指名地批评了几年前出现的反孔运动，说"现在的人大抵以孔子为忠孝的宣传者，一部分人敬他，一部分人咒他。更极端的侮骂孔子为盗名欺世之徒，把中华民族的堕落全归咎于孔子。唱这种暴论的新人，在我们中国实在不少。诬枉古人的人们哟！你们的冥蒙终究是非启发不可的"。①

郭沫若接着向那些诬枉古人的"新人"们告白：

> 我在这里告白，我们崇拜孔子。说我们时代错误的人们，那也由他们罢，我们还是崇拜孔子——可是决不可与盲目地赏玩古董的那种心理状态同论。

---

① 《中国文化之传统精神》，该文见《郭沫若全集》历史编第 3 卷，人民出版社 1984 年版，第 233—263 页。

　　那么，在郭沫若心目中，孔子是一个什么样的历史人物呢？

　　第一，孔子是一位泛神论者。郭沫若以为，孔子"以本体在无意识地进化，这一点又与斯宾诺莎（Spinoza）的泛神论异趣。我们觉得孔子这种思想是很美的。可惜仅仅在名义上奉行他的教义的秦以后之学者，好像没有把他了解。宋儒比较的有近似的解释，然而种种宇宙的概念，屡被混同，总不免有盲人说象之感"。

　　何谓"泛神论"？

　　泛神论是西方一种哲学学说，流行于16—18世纪的西欧。它反映了哲学领域内资本主义上升时期资产阶级思想体系对封建宗教的唯心主义世界观的批判。代表人物是意大利哲学家乔尔丹诺·布鲁诺与荷兰哲学家本涅狄克特·斯宾诺莎。

　　泛神论学说的一个基本观点是：神是非人格的本原，这个本原不在自然界之外，而是和自然界等同。就神对自然的关系而言，它并不是什么超然的、"彼岸"的存在，而是自然所固有，和自然融合一体的。斯宾诺莎把自然创造的根源归于自然本身，实际上是否认了超自然的神的主宰。

　　郭沫若留学日本时期接受的泛神论思想，除了"泛神便是无神，一切的自然只是神底表现"①；还掺入了郭沫若自己主观的意念，即"我也只是神底表现，我即是神，一切自然都是我的表现"②。如此引申，郭沫若除了把孔子说成是泛神论者外，也把庄子说成是泛神论者。新诗集《女神》中的《三个泛神论者》一诗，诗人所爱的泛神论者，第一个便是庄子。这也反映了郭沫若当时醉心于泛神论的状态。

---

　　① 《〈少年维特之烦恼〉序引》，《郭沫若全集》文学编第15卷，人民文学出版社1990年版，第309页。

　　② 同上书，第310页。

第二，称赞孔子是具有伟大的天才和圆满人格的巨人。郭沫若说："我们所见的孔子，是兼有康德与歌德那样的伟大的天才，圆满的人格，永远有生命的巨人。他把自己的个性发展到了极度——在深度如在广度。他精通数学，富于博物的知识，游艺亦称多能。尤其他对于音乐的俊敏的感受性与理解力，绝不是冷如石头而顽固的道学先生所可想象得到。他闻音乐至于三月不知肉味的那种忘我的状态；他于杏树之中，使门人各自修业，他自己悠然鼓琴的那种宁静的美景，他自己的真实生活更是一篇优美的诗。而且他的体魄绝不是神经衰弱的近代诗人所可比拟。他的体魄与精神的圆满两相应而发达。他有 Somson 的大力，他的力劲能拓国门之关。"

郭沫若对孔子的赞美，可以说是到了无以复加的地步。更有甚者，郭沫若竟然把孔子的思想学说等同于马克思主义——当然这是片面的。

第三，全盘肯定孔子的思想学说。郭沫若注意到了"仁"是孔子的核心思想，也注意到了"克己复礼"是"仁"的根本。但是他的解读却有偏颇。他说，孔子"对弟子中之第一人颜回说'仁'之道，他说'克己复礼'，这便是他的仁道之根的本义。真的个人主义者才能是真的人道主义者。不以精神的努力生活为根底之一切的人道的行为，若非愚动，便是带着假面的野兽之舞踊。这里我们所要注意的，是'礼'之一语。他所谓'礼'，绝不是形式的既成道德，他所指的，是在吾人本性内存的道德律，如借康德的话来说明，便是指'良心之最高命令'。康德说我们的良心命令我们'常使你的行动之原理为普遍法而行动'"。

郭沫若对"克己复礼"的解读，有明显的错讹之处。首先，郭沫若只解"礼"，说"礼"即"道德律"，即"良心的最高命令"；而不去解"复礼"。孔子言"仁"，归根结底是要"复礼"——恢复周代的礼仪制度。这也是孔子的"吾从周"的具体内容，反映了孔子复古的政治倾向。离开"复礼"而谈"礼"，就不可能触及孔子的核心思想的本质。同样，郭沫若援引孔子"非礼勿视，非礼勿听，非礼勿言，非礼勿动"的话，这里的"礼"，也非指"道德律"，"良心最高的命令"，而是指周礼，意即凡不符合周礼的，不要看，不要听，不要说，不要做。其次，郭沫若对"克己"做了复杂化的解读，说孔子"绝不许人类的一切的本能，毫无节制，任情放纵，他取正当的方法音乐地调节本能的冲动与感官的享乐。他自己这样自励，他也这样教人"。其实，简言之，"克己"就是克制自己的思想和行为的意思。孔子告诉他的弟子颜回，"克己"是为了"复礼"。"一日克己复礼，天下归仁焉"。孔子还说了上述四个"非礼"勿视、勿听、勿言、勿动的话。聪明的颜回听了，心领神会，马上说，"回虽不敏，请事斯语矣"（《论语·颜渊》）。颜回说的意思是，我颜回虽然不机敏，但是老师说的话，我将努力地去做。可见复礼的重要性。

第四，全面美化以孔子为代表的先秦儒家。写于 1924 年 6 月的《伟大的精神生活者王阳明》（见《文艺论集》）一文中，作者追述了自己深受王阳明影响的经过，盛赞王阳明"不断地使自我扩充，不断地和环境搏斗"；认为王阳明所解释乃至所体验的"儒家精神"，"即是孔门哲学的真义"。郭沫若因此对孔门哲学做了如下阐述：

> 孔氏认出天地万物之一体，而本此一体之观念，努力于自我扩充，由近而远，由下而上。横则齐家、治国、平天下，纵则赞化育、参天下、配天。四通八达，圆之又圆。这是儒家伦理的极致，要这样才能内外不悖而出入自由，要这样人才真能安心立命，人才能创造出人生之意义，人才能不虚此一行而与大道同寿。

郭沫若因此批评了汉武以后的业儒们歪曲先秦的儒家精神、孔子精神而造成的许多虚假现象。郭沫若说："儒家的现实主义精神，被埋没于后人的章句，而拘迂小节小目而遗其大体。自汉武以后，名虽尊儒，然以帝王之利便为本位以解释儒书，以官家解释为楷模而禁人自由思索。后人所研读的儒家经典不是经典本身，只是经典的疏注。后人眼目中的儒家、眼目中的孔子，也只是不识太阳的盲人意识中的铜盘了。儒家的精神、孔子的精神，透过后代注疏的凸凹镜后是已经歪变了的。要把这反射率不一致的凸凹镜撤去，另用一面平明的镜面来照它，然后才能见得他的正体。但是这样的行为是被官家禁止了的。积习既久，狃于常见的人竟以歪变了的虚象为如实的真容，而不更去考察生出此虚象的镜面的性质了。于是崇信儒家、崇信孔子的人只是崇信的一个歪斜了的影像。"郭沫若在这里把先秦的儒家、先秦的孔子与汉武以后歪变了的儒家、歪变了的孔子，做了严格的、科学的区分。他特别指出了汉武以后的儒家以及孔子，是为帝王的利益服务的，是被官家所垄断的；人们所得到的只是先秦儒家以及孔子的虚像，人们研读的经典，也只是后代业儒的经典的注疏。这些意见无疑是正确的，是符合历史实际的。

不仅如此，郭沫若还批评了"五四"新文化运动中那些反孔的激进分子，说"反对儒家、反对孔子的人，也只是反对的这个歪斜了的影像。满天都是暗云，对于暗云的赞美和诅咒，于天空有何交涉呢？天空的真相要待能够拨云雾的好手才能显现"。这确也正确地指出了"五四"时期重新评判孔子存在的某些片面性的弊端。

然而，对于先秦的儒家和孔子，就值得全盘肯定吗？20世纪20年代的郭沫若，对此是给予肯定性的答复的。

在《论中德文化书——致宗白华兄》一文中，郭沫若说：

　　我国的古代精神表现得最真切、最纯粹的总当得在周秦之际。那时我国的文化如在旷野中独自标出的一株大木，没有受些儿外来的影响。自汉以后佛教传来，我国的文化已非纯粹。我国的文化在肯定现世以图自我的展开，而佛教思想则在否定现世以求自我的消灭。我国的儒家思想是以个性为中心，而发展自我之全圆于国于世界，所谓"修身、齐家、治国、平天下"，这不待言是动的，是进取的。[①]

　　郭沫若用纯粹哲学去阐释先秦儒家的人生要义，而不涉及春秋战国时期由奴隶制向封建制过渡的社会大动荡的历史背景，也不涉及孔子在政治上失败的缘由，更不涉及先秦儒家在诸子百家中的地位和影响力。这些问题到了后来在《中国古代社会研究》等史学著作中才得到比较全面的、科学的阐述。

　　总之，在 20 世纪 20 年代初期，郭沫若心目中的孔子是一位天才人物。作为政治家，孔子建立了"大同"的理想世界；作为哲学家，孔子有他自己的泛神论的思想体系；作为教育家，孔子提出了"有教无类""因材施教"的教育原则；作为科学家，孔子精通数理、博物学；作为艺术家，孔子精通音乐；作为文学家，孔子的功绩更是断难推倒，他删诗书，笔削春秋，使中国古代文化有个系统的存在。在郭沫若看来，孔子所具有的这一切聪明才智，以及他所做出的伟大贡献，"非是有绝伦的精力，审美的情操，艺术批评的妙腕，那是不能企冀得到的"[②]。

　　此外，还有两篇文章，即《马克斯进文庙》[③]《讨论〈马克斯

　　① 《论中德文化书——致宗白华兄》，该文见《郭沫若全集》文学编第 15 卷，人民文学出版社 1990 年版，第 148—158 页。

　　② 《论诗三札》，《郭沫若全集》文学编第 15 卷，人民文学出版社 1990 年版，第 336 页。

　　③ 《马克斯进文庙》，《洪水》半月刊第 1 卷第 7 号，1925 年 12 月 15 日。

进文庙〉》[①],《郭沫若文集》未收,《郭沫若全集》文学编的《豕蹄》集仅收《马克斯进文庙》,但这两篇很能说明郭沫若当时的先秦史观的驳杂和对于马克思主义的一知半解。

在《讨论〈马克斯进文庙〉》一文中,郭沫若以为,马克思的学说和孔子创立的儒家学说,"出发点可以说是完全相同的";马克思所设想的共产主义的理想社会与孔子的"大同世界","竟是不谋而合"。郭沫若甚至认为,"孔子是王道的国家主义者,也就是共产主义者,大同主义者"。孔子居然是一位"共产主义者"了!

在《马克斯进文庙》一文中,有一大段马克思与孔子颇为滑稽的对话。马克思对孔子说:

> 我不想在两千年前,在远远的东方,已经有了你这样的一个老同志!你我的见解完全是一致的,怎么会有人说我的思想和你的不合,和你们中国的国情不合,不能施行于中国呢?

这是一篇历史小品,不是具有学术意义的史学论文,感情的宣泄取代了理性的思辨。在这里,马克思竟然称孔子是"老同志"。郭沫若当时为了批驳国家主义者和无政府主义者,论证马克思主义适合中国的国情,便带有随意性地把共产主义理想社会的设计者马克思同封建专制主义的维护者孔子捏合在一起,说他们二人的见解"完全一致"。这真可谓今古奇谈了。

其实,在 1925 年、1926 年的一些文章中,郭沫若对"共产主义"就做了错误的解释。什么是共产主义呢?郭沫若说:"共产主

---

① 《讨论〈马克斯进文庙〉》,《洪水》半月刊第 1 卷第 9 号,1926 年 1 月 16 日。

义者只是努力把产业集中，使他可以早日得共而已。"① "纠合无产阶级者以建设公产制度的新国家，以求达到全人类的物质上与精神上的自由解放的，不消说就是马克思的共产主义，但也可以称为新国家主义，这用我们中国古代的话来表现就是所谓'王道'。"② 按照郭沫若的模式，先秦儒家文化和孔子思想，是可以同列宁领导的俄罗斯十月社会主义革命合二为一的。郭沫若说，"儒家的思想本是出入无碍，内外如一，对于精神方面力求全面的发展，对于物质方面亦力求富庶"。因此，"在这儿我在王阳明学说中与近世西欧的社会主义寻出了一致点。王阳明主张'去人欲而存天理'，这从社会方面说来，便是废弃私有制度而一秉大公了。在这儿西方文化与东方文化才可以握手，在这儿西方文化才能生出眼睛，东方文化也才能魂归正宅"。所谓"魂归正宅"，按照郭沫若当时的理解，儒家精神文明发展而为"一秉大公"的社会主义、共产主义的物质文明。这个走向乃是历史的必然。郭沫若接着说：

> 所以在我自己是肯定孔子，肯定王阳明，而同时更是信奉社会主义的。我觉得便是马克思与列宁的人格之高洁不输于孔子与王阳明，俄罗斯革命后的施政是孔子所说的"王道"。③

在这里，郭沫若把孔子的"王道"，简单化地等同于俄罗斯十月社会主义革命。不过，这种思维模式，即对孔子思想学说的偏执，在他后来的论著中就不再坚持了。

---

① 《穷汉的穷谈》，《洪水》半月刊第 1 卷第 4 号，1925 年 11 月 1 日。
② 《新国家的创造》，《洪水》半月刊第 1 卷第 8 号，1926 年 1 月 1 日。
③ 《王阳明礼赞》，《郭沫若全集》历史编第 3 卷，人民出版社 1984 年版，第 290 页。

二　称赞反礼教的《西厢记》

时光退回到1921年。这年9月，郭沫若发表了题为《〈西厢记〉艺术上的批判与其作者的性格》的论文。①

1919年"五四"反帝爱国运动，激发了正在日本留学的郭沫若的革命热情，他的《凤凰涅槃》《炉中煤》《晨安》《天狗》《地球，我的母亲》等新诗，以浪漫主义的笔触，抒写了他对"五四"以后的新生祖国的礼赞。这些诗篇，反映了"五四"的时代精神，也反映了诗人的主情主义的、张扬自我的精神气质。

在郭沫若看来，祖国新生了，青年男女的爱情也新生了，所以他要出版新式标点本《西厢记》，并为之作序。

元代剧作家王实甫的杂剧《西厢记》，其深刻的社会意义在于它歌颂了青年男女争取婚姻自由、追求幸福的爱情生活，赞扬了反对封建礼教、反对虚伪的禁欲主义的叛逆精神。王实甫以清丽而细腻的笔调，把那时被禁锢在封建家庭中渴求爱情自由的青年男女的悲欢离合，写得缠绵悱恻、哀婉动人。

早在1905年即郭沫若十三周岁的时候，便从大哥郭橙坞的藏书中发现了王实甫的《西厢记》。他知道这是一部"禁书"，但在好奇和神秘的心理驱动下，他越发想看这部"奇书"。要知道这时他已经进入性的觉醒期。

暑期，郭沫若瞒过母亲，佯装头痛，大白天躲在蚊帐内偷看《西厢记》，许多富有挑逗性的词语，令郭沫若兴奋不已。

但是，就在郭沫若看得入神的时候，被他大嫂发现了，大嫂立即向母亲报告，母亲把他训斥了一顿，还没收了他手中的"禁书"。然而，这又有什么用呢？已经开了闸的水，总要让它流淌，

① 《郭沫若全集》文学编第15卷，人民文学出版社1990年版，第321—327页。

一直流淌到它内外平静的时候，流淌到它步入常态化的时候。

　　《西厢记》像是一服催化剂，使少年郭沫若第一次朦胧地意识到男女情爱的甜美、神秘以及可能带来的烦恼，同时深恶在封建宗法制度下家长们对儿女情事所设置的种种有形无形的障碍。《西厢记》既催化了郭沫若对性的觉醒，又培植了他的反对封建礼教的精神。《西厢记》更是郭沫若受文学熏陶的第一部古典戏曲作品。

　　这也促使郭沫若于 1921 年春要来标点《西厢记》。他说这是"照着西洋歌剧的形式改窜了的一部《西厢记》"。郭沫若对《西厢记》的成就给予了高度的评价。他说："反抗精神，革命，无论如何是一切艺术之母。元代文学，不仅限于剧曲，全是由这位母亲产出来的。这位母亲所产生出来的女孩儿，总要以《西厢记》为最完美，最绝世的了。《西厢记》是超越时空的艺术品，有永恒而且普遍的生命。《西厢记》是有生命的人性战胜了无生命的礼教的凯旋歌，纪念塔。"①

　　郭沫若就礼教与人性的关系、礼教与男女爱情的关系，做了理论的阐述。他说：

　　　　礼教是因人而设，人性不是因礼教而生。礼教得其乎可以为人性的正当发展之一助，不能超越乎人性之上而狂施其暴威。男女相悦，人性之大本。种族之繁衍由是，人文之进化亦由是。纯爱之花多结优秀之子，这在一般常识上和学理的实验上均所公认。职司礼教者固当因善利导，以扶助其正当的发展，不能多方钳制，一味压抑，使之变性而至于病。

---

① 《〈西厢记〉艺术上的批判与其作者的性格》，该文见《郭沫若全集》文学编第 15 卷，人民文学出版社 1990 年版，第 321—327 页。以下凡未有出处者均见此文。

郭沫若认为，礼教应该有助于人性的健康发展，而不能凌驾于人性之上，狂施其暴威，以束缚人性演进之正途。同样，礼教也不可以干涉和压抑男女之间的情爱；因为干涉和压抑的结果，会使正当的情爱走向病态——变态的性心理与性行为。

郭沫若进一步批判中国封建礼教对青年男女爱情的摧残与扼杀。他说：

　　我国素以礼教自豪，而以男女间之防范尤严，视性欲若洪水猛兽，视青年男女若罪囚，于性的感觉尚未十分发达以前即严加分别以催促其早熟。年青人最富于暗示性，年青人最富于反抗性，早年钳束已足以催促其早解性的差异，对于父母长辈无谓的压抑，更于无意识之间，或在潜意识之下，生出一种反抗心，多方百计思有以满足其性的要求。然而年龄愈进，防范愈严，于是性的焦点遂转移其位置而呈变态。数千年来以礼教自豪的堂堂中华，实不过是变态性欲者一个庞大的病院！

值得注意的是，郭沫若把批判的矛头指向了几千年前先秦儒家提倡的礼教，"视性欲若洪水猛兽，视青年男女若罪囚"。这实际上是对男女之间的情爱与性爱采取了禁欲主义的路线。而这种禁欲主义的后果，便使中国成为"变态性欲者一个庞大的病院"。

郭沫若的批判是符合史实的。《礼记·内则》曰："男不言内，女不言外，非祭非丧，不相授器……外内不共井，不共湢浴，不通寝席，不通乞假。男女不通衣裳……礼始于谨夫妇为宫室，辨外内。男子居外，女子居内。深宫固门，阍寺守之，男不入，女不出。男女不同椸枷，不敢县于夫之楎椸，不敢藏于夫之箧笥，不敢共湢浴。夫不在，敛枕箧簟席襡器而藏之。少事长，贱事贵，咸如之。"多少个"不"字，把男女的界限分割得清清楚楚，而对女人的规范和限制尤甚。这诸多"不"字，深刻反映了儒家礼教的性别歧视和禁欲主义的理念。

一心想做"圣贤"的孟子，便是一个典型的例子。关于孟夫子出妻的故事，据《荀子·解蔽》载："孟子恶败而出妻，可谓自强矣，未及思也。"孟子因为"恶败"（在仕途上不得志）而出妻，荀子夸他是"自强"的表现。其实孟子也是一个无法摆脱"饮食男女"的普普通通的人。孟子承认，"好色，人之所欲"（《孟子·万章上》）。孟子又是一位官迷。"士之失位也，犹诸侯之失国家也。"（《孟子·滕文公下》）既好色，又怕"失位"，孟子陷于两难的境地。孟子曰："鱼，我所欲也；熊掌，我所欲也。二者不可得兼，舍鱼而取熊掌也。"（《孟子·告子上》）鱼喻女色；熊掌喻仕途。女色和官位，孟子都想得到。然而当二者不可得兼的时候，孟子决定舍去女色而步入仕途。

此外，还有一个妇孺皆知的古代传说。柳下惠身旁，不知什么时候站着一位赤身裸体的妙龄少女，青翠欲滴，柳下惠却像木头人一样，目不斜视，不屑于看她一眼，对于女色毫无欲望，一本正经地说："尔为尔，我为我，虽袒裼裸裎于我侧，尔焉能浼我哉？"（《孟子·万章下》）难道柳下惠真的对女子没有肉身的欲望吗？难道柳下惠是一个性无能者吗？都不是。这是先秦儒家的性别歧视和男性权威的理念在作祟，反映了先秦儒家礼教的反人性的虚伪的本质。

综上所述，郭沫若批判以孔、孟为代表的先秦儒家倡导的礼教，同他崇拜孔子、认同先秦文化的传统价值，这是相悖的、矛盾的。那么，我们该怎样理解郭沫若的这种二元历史观呢？

首先，郭沫若幼年在私塾接受了长达八年的国学教育，深受"四书""五经"的陶冶。在"五四"反孔浪声中，他要固守这个古老的文化堡垒。他的反批评，多少反映了他对先秦儒家文化在历史观上的偏执。其次，郭沫若毕竟是有进取心的热血青年。"五四"先驱者们提出的"人的解放""妇女解放"等口号，他必然要积极响应，用文艺的形式，称赞反礼教的《西厢记》，歌颂古代叛逆的女性。何况他自己曾经遭受过封建包办婚姻带来的痛苦，反抗精神越发强烈。最后，郭沫若此时在日本九州帝国大学学医，接受了近代西方的科学与文艺的影响。如他批评先秦儒家礼教给中华民族带来的后果，是制造了"变态性欲者的一个庞大的病院"，便是从弗洛伊德的精神分析学说引申出来的。郭沫若说："例证不消多说，便举缠足一事已足证明，就男子方面而言，每以脚之大小而定爱憎，爱憎不在乎人而在乎脚，这明明是种'拜脚狂'。就女子方面而言，不惜自受摧残以增添男女间性的满足，此明明是种'受动的虐淫狂'。礼仪三百不过制造出拜脚狂几千，威仪三千不过制造出受动的虐淫狂几万。如今性的教育渐渐启蒙，青年男女之个性觉悟已如火山已经喷裂。不合学理、徒制造变态性欲者的旧式礼制，已如枯枝槁叶，着火即化为灰烬。"

中国古代女子缠足是怎么一回事呢？

缠足是男性权威对懦弱女子的征服，但它同时又成了性的象征，成了男人的崇拜物。中国女人缠足始于何时，已难以考证。历史上首次有明确记载的为南唐后主的艳迹，约在公元 10 世纪初。到了宋代，儒学大师朱熹在福建漳州做官时，就已经热衷推行缠足制度了，说明朱熹之前缠足在民间已蔚然成风。

缠足对于女人来说是一种酷刑。其实朱熹也明白，女人缠足以后，不仅不能跑跳，连步行都很困难，更不必说走远路了。所以朱熹建议小脚女人（无论是少妇还是老妪）持竹杖走路，美其名曰"竹林"。

据生理学、性学专家的调查报告以为，缠足可以给男人在床笫上带来富于弹性的肉欲享受，这就成了变态性欲者的"拜脚狂"。女人也因缠足使自己的性功能得到了加强，比大脚女人更容易进入"春情荡漾"的性兴奋状态。这就是所谓女人"受动的虐淫狂"。而"礼仪三百""威仪三千"的封建礼教，便是这种畸变男女的制造者。郭沫若因此要为《西厢记》辩诬。他说："《西厢记》所描写的是人类正当的生活，所叙的是由爱情而生的结合，绝不能以为奸淫，更绝不能作为卖淫的代辩！"

郭沫若甚至揣想王实甫也是一个变态性欲者。"在《西厢记》中叙到脚上来、鞋上来的地方还有好几处。对于女性的脚好像有很大的趣味。"郭沫若甚至把这种变态心理引申到屈原、蔡文姬、苏蕙以及他们的作品中来，说"屈原好像是个独身生活者，他的精神确实有些变态。我们试读他的《离骚》《湘君》《湘夫人》《云中君》《山鬼》等作品，不能说没有色情的动机在里面。蔡文姬和苏蕙是歇斯底里性的女人，更不消说了。如此说时，似乎减轻了作者的身价和作品的尊严性，其实不然，唯其有此精神上的种种苦闷，才生出向上的冲动，以此冲动以表现于文艺，而文艺之尊严才得以确立，才能不为豪贵家儿的玩弄品"。这些分析，不免有牵强之处。不过，它倒也折射出郭沫若此时对西方精神分析学派的理论有着浓厚的兴趣，以至于把屈原、蔡文姬、苏蕙、王实甫都说成是变态性欲者了。

三　歌颂古代叛逆的女性

孔子曰："唯女子与小人为难养也，近之则不孙，远之则怨。"（《论语·阳货》）孔子是鄙视妇女的。西周时代，从殷商掳来的女子，都沦为家奴，毫无社会地位和独立的人格。孔子是信奉周代的礼仪制度的。他说："周监于二代，郁郁乎文哉，吾从周。"（《论语·八佾》）这种"从周"的复古倾向，使孔子对女子采取鄙视的态度，便是自然而然的了。

问题在于，一方面，1923 年郭沫若在《中国文化之传统精神》一文中，向读者告白"我们崇拜孔子"，并批评反孔的先驱者，"诬枉古人"，俨然是一位坚定的尊孔派；然而，另一方面，同样是1923年，他先后创作了历史剧《卓文君》《王昭君》，并构想好了历史剧《蔡文姬》，以构成女性三部曲——《三个叛逆的女性》①。这显然是与孔孟之道背道而驰的。那么，我们现在该怎样解释郭沫若此时的世界观、人生观存在的矛盾现象呢？

这里需要补充说明的是，不知什么缘故，郭沫若已经酝酿成熟的《蔡文姬》，却迟迟未能写出。至1925年，郭沫若在上海目睹了"五卅运动"从爆发到惨剧发生的全过程；受"五卅"精神的感召，他创作了历史剧《聂嫈》合集为《三个叛逆的女性》，于1926年出版。然而《聂嫈》歌颂的是战国时代"舍生取义"的武侠精神，它已经偏离了"叛逆"这个主旨。

郭沫若的世界观、人生观所存在的矛盾现象，是多种原因造成的。

第一，郭沫若所执着的先秦儒家文化在道德伦理方面存在问题。郭沫若说：

> 在旧式的道德里面，我们中国的女人首先要讲究"三从"，就是在家从父，出嫁从夫，夫死从子。女人的一生都是男子的附属品，女人的一生是永远不许有独立的时候的。这"三从"的教条真把男性中心的道德表示得非常地干脆了。
>
> 女人在精神上的遭劫已经有了几千年，现在是该她们觉醒的时候了呢。她们觉醒转来，要要求她们天赋的人权，要要求男女的彻底的对等，这是当然而然的道理。②

---

① 《三个叛逆的女性》，作为创造社丛书之一，于1926年4月，由上海光华书局出版。

② 《写在〈三个叛逆的女性〉后面》，《郭沫若全集》文学编第6卷，人民文学出版社1986年版，第138页。

"三从"，语本《礼仪·丧服·子夏传》："未嫁从父，既嫁从夫，夫死从子。"郭沫若发现，他所赞美的先秦儒家文化，也不是无与伦比，它在道德层面上存在着严重的缺失。它所代表的是以男性为中心的封建宗法制度的利益，女人成了男性中心的附庸，她们在这种制度遭劫下已经几千年。这必然要引起郭沫若对历史的反思。

第二，郭沫若所执着的先秦儒家文化与"五四"新文化运动的时代主潮发生了对抗性的矛盾。

在"五四"新文化运动的高潮期，文人学者纷纷译介外国的文学作品和哲学著作，给长期禁锢的中国输入了新鲜的空气。在"民主"与"科学"的旗帜下，《新青年》杂志的同人提出了"人的解放""妇女解放"的问题，妇女的贞操问题，在知识界、教育界产生了广泛的影响。1918年，《新青年》第4卷第6号出刊了《易卜生专号》，发表了《娜拉》（又名《玩偶之家》）、《国民公敌》等剧本。以上这些都是以反对封建专制主义和批判封建伦理道德为主旨的，尤其把妇女解放的问题提到了议事日程上来。这些都与儒家的传统观念、孔子的教义相悖。1923年郭沫若便要正视他的世界观、人生观面临的这个矛盾现象。

郭沫若毕竟是一位绝顶聪明的才子，他能够做到既执着于先秦儒家文化，同时又大力追赶时代的步伐，迎合时代的主潮。他采用话剧的形式，创作了《三个叛逆的女性》，"我的蔡文姬，完全是一个古代的'诺拉'（即娜拉——引者）"①。在"易卜生热"的时候，他参与了这场大合唱，并且取得了意想不到的成功。我们知道，在中国现代话剧史上，通过剧作提出妇女问题和婚姻问题的，并非从郭沫若开始，此前有胡适的《终身大事》（1919

---

① 《写在〈三个叛逆的女性〉后面》，《郭沫若全集》文学编第6卷，人民文学出版社1986年版，第143页。

年）、欧阳予倩的《泼妇》（1922 年）等；然而运用历史题材，塑
造中国古代叛逆女性的形象，郭沫若则是第一人。

据载，《卓文君》剧本的发表与公演，在社会上反响十分强
烈。浙江绍兴女子师范学校演出这个剧本，甚至引起了很大的风
波，县议会议员们竟要开除该校的校长。浙江省教育厅还专门审
查该剧本，以为剧本内容"不道德""大伤风化"，并做出一个议
案，"禁止中学以上的学生表演"。这也反证了《卓文君》的影响
力度。

然而，郭沫若在反对封建伦理道德、反对封建婚姻制度的时
候，不去批判孔子的妇女观，却把道德谴责指向了汉儒。他说：
"什么'天尊地卑，乾坤定矣'的话，根本上是不能成立的。"这
是援引西汉董仲舒的"天尊地卑"的神学理论。董仲舒说："天
下之尊卑，随阳而序位……贵者居阳之所盛，贱者居阴之所
衰。……阳贵而阴贱，天之制也。"（《天辨在人》）这种"天尊地
卑""阳贵阴贱"的理论，完全是为维系封建统治阶级的政权服
务的。董仲舒还说："君臣、父子、夫妇之义，皆与诸阴阳之道。
君为阳，臣为阴，父为阳，子为阴，夫为阳，妻为阴。王道之三
纲，可求于天。"（《春秋繁露·基义》）从"阳贵阴贱"延伸到夫
贵妻贱，便是从道德伦理上强化了对妇女的压迫与摧残；而把
"夫为妻纲"与"君为臣纲"并列，作为"三纲"之一，说明自
西汉始，对妇女的束缚制度化了。

郭沫若既然批判"三从"说，为什么不向上追溯呢？如《礼
记·郊特性》说："妇人，从人者也。幼从父兄，嫁从夫，夫死从
子。"再如孟子说："以顺为正者，妾妇之道。"（《孟子·滕文公
章句下》）孟子还说："钻穴隙相窥，逾墙相从，则父母国人皆贱
之。"（《孟子·滕文公章句下》）这里所说的"从""顺"都可以
作为郭沫若批判"三从"说的出发点，而无须从汉儒那里去寻找
依据。

郭沫若写历史剧，从歌颂妇女解放开始，首先当然是时代的因素，但这也和他青年时代在家乡的生活经历有密切的关系。1912 年，郭沫若二十岁，母亲为他包办了婚姻。他听从了"父母之命，媒妁之言"，男女双方便是"隔着口袋买猫儿"。一错铸成，遗憾终身。男女双方的一切才能和精力便因系在命运的枷锁之中，犹如活埋。这种婚姻制度给多少青年男女带来莫大的痛苦，酿成了多少社会悲剧。郭沫若说："这也是那过渡时期的一场社会悲剧，但这悲剧的主人公，严格地说时，却不是我，我不过适逢其会成为了一位重要演员……"① 正由于郭沫若有过这样痛苦的经历和感受，正由于他对悲剧的女主人公不幸的命运的同情，在"妇女解放"思潮的感召下，他要为那些被压迫在社会最底层的妇女高歌奋斗之曲。冯乃超曾经正确地指明了这一点。他说："看《黑猫》过后，我们能够联想到作者初期作品《三个叛逆的女性》，那就更有趣。为什么作者那样诅咒封建家族制度、礼教与习惯，而揭起自由恋爱万岁的旗帜呢？里面有这样辛酸的经历，因为理想中的白猫变成了现实的黑猫。"②

郭沫若为什么要采用话剧的形式来讴歌古代叛逆的女性呢？我们知道，话剧是在"五四"前后从西洋输入的，并且是作为对中国传统旧剧的否定而发展起来的。它在内容上与市民有着较深的血缘关系，它的形式是欧化的。1917—1918 年，《新青年》发动了对堕落了的文明新剧和传统戏剧——主要是京剧的批判。钱玄同在《随感录》一文中，激烈地批评了旧剧的弊端，说"如其要中国有真戏，这真戏自然是西洋派的戏，绝不是那'脸谱'派的戏。要不把那扮不像人的人，说不像话的话，全数扫除，尽情

---

① 《黑猫》，《郭沫若全集》文学编第 11 卷，人民文学出版社 1992 年版，第 279 页。

② 冯乃超：《郭沫若的〈黑猫〉》，李霖编《郭沫若评传》，上海现代书局 1932 年版。

推翻，真戏怎么能推行呢?"①

胡适正面提出现代话剧要"取例"于外国。他在《建设的文学革命论》② 一文中，介绍了外国的"问题戏""象征戏""心理戏""讽刺戏"等，以为这多种戏剧形式，正可以作为我国现代话剧的"模范"。这些批评与主张，无疑为中国话剧开辟了新的路径，但它在现代话剧与传统戏剧之间却制造了一条鸿沟，使话剧偏离了民族化的方向。

在"全盘西化"的风气下，郭沫若却走了自己的路。1919 年夏，郭沫若译完歌德的诗剧《浮士德》第一部以后，便产生了创作诗剧和历史剧的念头。他说："我读过了些希腊悲剧剧作家和莎士比亚、歌德的剧作，不消说是在他们的影响之下想来从事史剧和诗剧的尝试的。"③ 但是在剧坛上，一些新派文人鼓吹"写实的社会剧"，而反对写历史剧，以为"历史剧只能叙述旧的习惯和传统，而不能加入（或者不便加入）打破习惯传统的新思想"④。郭沫若对此没有附和，而是非常注意于新文化对旧文化的"吸收""溶化"，从中"摄取"营养"以维持生存"。甚至在他写出诗剧、史剧而被某些人攻击为"迷恋骸骨"以后，他仍坚定地表示自己"不能做万人喜悦的乡愿"。他说："我要借古人的骸骨来，另行吹嘘些生命进去。他们不能禁止我，他们也没有那种权力来禁止我。"⑤

1920 年，郭沫若先后写了诗剧《女神之再生》《湘累》《棠棣之花》三个诗剧。1922 年又写了《孤竹君之二子》《广寒宫》两

① 《新青年》第 5 卷第 1 号，1918 年 7 月。
② 《胡适文存》第 1 卷，上海亚东图书馆印刷 1922 年版，第 71—96 页。
③ 《我怎样写〈棠棣之花〉》，《郭沫若全集》文学编第 6 卷，人民文学出版社 1986 年版，第 273 页。
④ 蒲伯英：《戏剧要如何适应国情》，《戏剧》第 1 卷第 4 期，1921 年 8 月。
⑤ 《孤竹君之二子·幕前序话》，《郭沫若全集》文学编第 1 卷，人民文学出版社 1982 年版，第 238 页。

个诗剧。

此外，1921 年 6 月，郭沫若发表了题名为《史的悲剧——苏武与李陵》的"楔子"①，剧本却没有写出。还有便是上述的《三个叛逆的女性》。

郭沫若的历史剧，取材于历史，立足于现实，落笔于往古，归意于当今。就《三个叛逆的女性》的内容，所反映的是古代女性的觉醒与反叛。郭沫若说：

> 啊，如今是该女性觉醒的时候了！她们沉沦在男性中心的道德之下已经几千年，一生一世服从得个干干净净。她们先要求成为一个人，然后再能说到人与人的对等的竞争……

> 女性之受束缚，女性之受蹂躏，女性之受歧视，像我们中国一样的，在全世界上恐怕是要数一数二的。"在家从父，出嫁从夫，夫死从子"，一生一世都让她们"从"得干干净净的了。我们如果要救济中国，不得不要彻底解放女性，我们如果要解放女性，那吗反对"三从"的"三不从"的道德，不正是应该提倡的吗？"在家不必从父，出嫁不必从夫，夫死不必从子"——这就是"三不从"的新型道德。
> ……
> 在旧式的道德家看来，一定是会诋为大逆不道的，——你这个狂徒要提倡什么"三不从"的道德呀！大逆不道！大逆不道！但是大逆不道就算大逆不道罢，凡在一种新旧交替的时代，有多少后来的圣贤在当时是谥为叛逆的。我怀着这种想念已经有多少年辰，我在历史上很想找几个有为的女性来作为具体的表现。我在这个作意之下便作成了我的《卓文

---

① 《学艺》第 3 卷第 2 期，1921 年 6 月 30 日。

君》和《王昭君》。让我来细细地向着不骂我的人谈谈罢。①

以上说明，郭沫若的《三个叛逆的女性》，是以"三不从"的新型的道德和行为来表示女性的觉醒，并以"三不从"去反抗封建专制主义和封建婚姻制度。应该说，这种追求妇女解放和人格独立的精神，在"五四"新文化运动深入的时期，在知识界是有着积极的作用的，尤其在女青年中更具广泛的影响。

《卓文君》写于1923年2月，是郭沫若创作的第一部历史剧。它取材于汉代孀居的卓文君私奔司马相如的故事。据《史记·司马相如列传》载，卓文君父卓王孙，是四川临邛县拥有"家僮八百人"的巨富。文君新寡以后回到了父家，适值贫寒诗人司马相如到卓王孙家做客。夜间，相如酒后弹琴，他知道，卓文君好音，便"以琴心挑之"。文君窃听，果然"心悦而好之"。相如于是设法买通文君的丫鬟去说情，靠丫鬟传递与沟通感情，结果"文君夜忙奔相如，相如乃与驰成都"。

不过，《史记》调和了卓王孙父女之间的矛盾，卓王孙最后不得已分给文君"僮百人，钱百万，及其嫁时衣被财物"；文君、相如在成都"买田宅，为富人"，淹没了卓文君反叛性格的光辉。

虽然如此，卓文君私奔司马相如，自古以来是被封建统治阶级及其御用文人视为"不道德"的；即使到了民国，许多所谓道德家、教育家仍然把它斥为"不道德"。因为按照封建宗法制度的训条，妇女必须"从一而终""夫死守节""在家从父"，等等。正如上引孟子的话，女子"钻穴隙相窥，踰墙相从"，都是"贱"（下贱）的行为，即"伤风败俗"的行为。

---

① 《写在〈三个叛逆的女性〉后面》，《郭沫若全集》文学编第6卷，人民文学出版社1986年版，第136、138页。

　　郭沫若有意识地"完全在做翻案文章"①。他有意刻画卓文君孀居父家而"不从父"的典型性格。他肯定了卓文君对司马相如慕才生爱的感情和举止，热情赞扬了卓文君敢于反抗封建家族的专制统治，大胆冲破封建礼教樊篱的叛逆精神。

　　当卓王孙切齿詈骂，逼卓文君自尽时，卓文君面对父亲和公公，坦然地回答：

　　　　我以前是以女儿和媳妇的资格对待你们，我现在是以人的资格来对待你们了！

　　　　我自认我的行为是为天下后世提倡风教的。你们男子们制下的旧礼制，你们老人们维持着的旧礼制，是范围我们觉悟了的青年不得，范围我们觉悟了的女子不得！

　　　　我不相信男子可以重婚，女子便不能再嫁！我的行为我自己问心无愧。

　　这些台词，铿锵有力，落地有声。这当然不会是汉代妇女所使用的语言，中国古代妇女还不可能具有这样的觉悟，也不可能"以人的资格"去对抗长辈的思想意识。这些都是郭沫若借用卓文君的形象传达出 20 世纪初期中国新时代女性的觉醒的呼喊。这就是所谓"借古喻今"。正因如此，这些在今天看来过于现代化的语言，在当时男女知识青年中却有强大的震撼力。

　　当《卓文君》在浙江、北京某些女子师范学校演出遭禁以后，郭沫若颇有感慨地说："不必就是我的剧本真能够博得这许多的同情。不过表演过的都是女子学校，这使我非常乐观，我想我们现

---

　　① 《写在〈三个叛逆的女性〉后面》，《郭沫若全集》文学编第 6 卷，人民文学出版社 1986 年版，第 138 页。

代新女性，怕真正是达到性的觉醒时代了呢。"①

《王昭君》写于1923年7月。这是继《卓文君》之后郭沫若历史剧的又一力作。据史书记载，汉元帝竟宁元年（前33），匈奴呼韩邪单于朝汉，表示"愿婿汉氏以自亲"②。此时，王昭君被选入皇宫数年，连皇帝的面都没有见过，于是她"积悲怨，乃请掖庭令求行"。当王昭君表示自愿出嫁匈奴而出现在汉元帝面前的时候，"丰容靓饰，光明汉宫，顾景裴回，竦动左右"。元帝见了不禁"大惊"，"意欲留之，而难以失信"③，只好将王昭君嫁给了匈奴。

王昭君这个历史人物，自西晋石崇的《王昭君辞》以来，历经隋、唐、宋、元、明、清，延续到近代，在艺术领域内，一直是文人学士们所着意描绘的对象。但是，王昭君这个悲剧形象，过去显然是被文学艺术家们严重歪曲了的。他们把悲剧的原因完全归咎于命运——王昭君被画师作弄，不幸被君王误选，更不幸的是呼韩邪单于"愿婿汉氏"，使王昭君以美人之身远嫁匈奴。在这冥冥之中，好像有一种魔力在追随着、支配着王昭君，她似乎只能听从命运的摆布，而且似乎文人学士们越加重渲染这种悲剧命运的气氛，就越显现出王昭君的"美德"来。

在以王昭君为题材的古代戏曲中，以元代马致远的《汉宫秋》影响最大。它改动了许多历史情节，如画师毛延寿向王昭君求贿不得，便在她的图影上点了些"破绽"，因此她入宫十年，未能得宠；后被元帝发现，两情相好。毛延寿畏罪携王昭君像逃献匈奴，于是匈奴单于率"百万雄兵"，指名讨要王昭君；元帝无奈，遂忍痛将王昭君许配匈奴。后来，王昭君行至黑河，投河自尽。剧本

---

① 《写在〈三个叛逆的女性〉后面》，《郭沫若全集》文学编第6卷，人民文学出版社1986年版，第140页。

② 《汉书·匈奴传》。

③ 《后汉书·南匈奴传》。

描述王昭君在远嫁匈奴的途中，只是哀叹自己的命运，对元帝则一往情深；而元帝也是有情有义的君主，自王昭君出塞后，他悲恸欲绝，"白日里无承应，教寡人不曾一觉到天明，做的个团圆梦境。却原来雁叫长门两三声，怎知道更有个人孤零"；"汉昭君离乡背井，知他在匈奴愁听"①。这里一则美化了皇帝，二则调和了主奴之间的矛盾，三则更加重渲染了那种琵琶绝塞、青冢黄昏的命运悲剧的伤感情调。

郭沫若大胆地否定了这些历史的偏见。他在采用历史上的真人（王昭君）真事（王昭君嫁给呼韩邪单于）的基础上，虚构了许多陪衬人物，用以突出剧本的主题思想。郭沫若说他创作《王昭君》这个历史剧的"主要的动机"，是"王昭君反抗元帝的意志自愿去下嫁匈奴"②。这就从根本上改变了《汉宫秋》的主调，把命运悲剧改变成了性格悲剧，凸显了王昭君的叛逆精神。

其一，郭沫若把王昭君写成是一个出身贫贱的孤女，幼时丧父，母亲抚育了一个异姓的螟蛉，因此遭同族的非难；大选时，族人便把王昭君呈报县令，王昭君当选进京，异姓哥哥投江自尽，母亲装扮成随身的侍婢，跟随到重垣叠锁的王宫里，后发疯致死。作者没有重复历代诗文、戏曲在反映王昭君身世时所定下的哀怨的基调，也没有描绘在皇帝和王昭君之间缠绵难舍的爱情悲剧，而是要表现至高无上的君权给王昭君及其家庭带来的深重的压迫和灾难，揭示了王昭君凄苦遭遇的社会根源，变爱情悲剧为社会悲剧，给昭君赋予了新的更具时代精神的主题。

其二，剧本突出刻画了王昭君反抗强暴的倔强性格。作者没有把王昭君写成因为远嫁匈奴而悲哀，更没有哀伤自己的命运而

① 参见臧懋循编《元曲选》甲集《破幽梦孤雁汉宫秋》，中华书局1958年版。
② 《写在〈三个叛逆的女性〉后面》，《郭沫若全集》文学编第6卷，人民文学出版社1986年版，第140页。

"惓惓旧主"，"恋恋不忘君"；面对着广漠连天的塞北和富丽堂皇的宫殿的去留，王昭君不畏权势，不受利诱，不图享乐，义无反顾，毅然决然选择了到沙漠去远嫁匈奴。作者把王昭君塑造成了"一个出嫁不必从夫的标本"。

剧本写下了这样悲壮的一幕：

汉元帝：你别要那么悲愤，我立刻就册封你为皇后，你总可以快乐了。

王昭君：皇后又有什么能够使我的妈妈再生，能够使我的爱的哥哥复活吗？

汉元帝：你要知道我是爱你呢。

王昭君：你纵使真在爱我，也是无益，我是再没有能以爱人的精魂的了。

汉元帝：你纵使不爱我，你留在宫中不比到穷荒极北去受苦强得多了吗？

王昭君：啊，你深居高拱的人，你也知道人到穷荒极北是可以受苦的吗？你深居高拱的人，你为满足你的淫欲，你可以强索天下的良家女子来恣你的奸淫，你为保全你的宗室，你可以逼迫天下的良家子弟去填豺狼的欲壑！如今男子不够填，要用我们女子了，要用到我们不足供你淫弄的女子了。你也知道穷荒极北是受苦的地域吗？你的权力可以生人，可以杀人，你今天不喜欢我，你可以把我拿去投荒，你明天喜欢了我，你又可以把我来供你的淫乐，把不足供你淫乐的女子又拿去投荒。投荒是苦事，你算知道了，但是你可知道，受你淫弄的女子又不自以为苦呢？你究竟何所异于人，你独能恣肆威虐于万众之上呢？你丑，你也应该知道你丑！豺狼没有你丑！你居住的宫廷比豺狼住的窠穴还要腥臭！啊，我是一刻不能忍耐了，淑姬，你引我去吧！不则我引你去，引你到沙漠里去！

王昭君不同于一般的妃嫔们，她不争着献贿于画师，求其笔上生花，以博得君主的宠幸。她是一个没有奴隶根性的女子，敢于蔑视皇权，又会清醒地掌握自己的命运。为了保持人的尊严，挣脱统治者的奴役和淫弄，她明知"穷荒极北是受苦的地域"，却宁愿到沙漠去受苦，这充分反映了王昭君的觉醒和叛逆的精神。作者根据王昭君这种倔强的性格，幻想出她痛快淋漓地向君王的威权进行挑战的精彩的一幕。

这些过于现代化的台词，当然不可能是一个被封闭在宫墙内的女子所能喊出的声音。以上王昭君对皇室威权的詈骂与讥讽，都是郭沫若所赋予的，汉代女子还不具有这样的觉悟，然而这却适应了时代的需要。为追求妇女的解放和维护妇女人格的独立，唱出了一曲壮美的悲歌，为唤醒"五四"新女性奋起砸碎封建锁链，争取独立、平等、自由的社会地位，敲起了振聋发聩的警钟。所谓"不从夫"，实际上已经升华为不从皇权了。这就是历史剧《王昭君》所揭示的主题思想的重要的现实意义。直至 1961 年 2 月 11 日，著名史学家翦伯赞在复郭沫若的信中还说："一直到现在，还有人对王昭君的眼泪感兴趣，而您却在三十多年前，替她把眼泪擦掉了。我看您的《王昭君》现在还可以演，为什么不演呢？"[①]

往事如烟。时隔八十年后的今天，在北京的长安大剧院演出马致远的《汉宫秋》，同时在北京人民艺术剧院演出郭沫若的《王昭君》，这两出戏的观众的感受会是什么样的呢？是对王昭君的眼泪感兴趣的多，还是乐意替王昭君擦掉眼泪的多呢？这还有

---

① 参见翦伯赞《王昭君的家世、年谱及有关书信》，《北京大学学报》（哲学社会科学版）1982 年第 6 期。

待于当今的新闻媒体和戏剧评论家向观众做一番客观的现场调查。

此外，在画师毛延寿的种种劣迹败露以后，元帝下令将他斩首，并把尸首送来看。在王母发疯死去、王昭君离开宫廷向塞外出发之后，作者虚构了元帝变态的一幕：

> 汉元帝：（沉默有间）唉，匈奴单于呼韩邪哟！你是天之骄子呀！……（把毛延寿首置桥栏下，展开王昭君真容，览玩一回，又向毛延寿首）延寿，我的老友，你毕竟也是比我幸福！你画了这张美人，你的声名可以永远不朽。你虽然死了，你的脸上是经过美人的披打的。啊，你毕竟是比我幸福！（置画，捧毛延寿首）啊，延寿，我的老友，她披打过你的，是左脸吗？还是右脸呢？你说吧！你这脸上还有她的余惠留着呢，你让我来分你一些香泽吧！（连连吻其左右颊）啊，你白眼盯着我，你诅咒我在今年之内跟你同去，其实我已经是跟着你一道去了呀。啊，我是已经没有生意了。延寿，你陪我在这掖庭里再住一年吧。（置首卷画）我要把你画的美人挂在壁间，把你供在我的书案上，我誓死不离开这儿。延寿，你跟我到掖庭去吧。（挟画卷于肘下，捧毛延寿首，连连吻其左右颊，向掖庭步去）

郭沫若把汉元帝变态性欲的描写，说成是他"意外的成功"①。对此多数读者和评论家不敢苟同。因为把血淋淋的人头搬上舞台，还要捧来吻其左右颊，给观众以恐怖和丑恶的刺激，从戏剧效果上看，它破坏了戏剧艺术的崇高美。其实，这些戏剧情节表明，郭沫若明显受了英国唯美派作家王尔德的《莎乐美》的

----

① 《写在〈三个叛逆的女性〉后面》，《郭沫若全集》文学编第6卷，人民文学出版社1986年版，第142页。

影响。郭沫若此时正倾心于弗洛伊德等精神分析学派的理论，对此学派鼓吹的"以性欲之缺陷为一切文艺之起源"产生共鸣。这同中国古代帝王的生活方式，以及处理感情的方法和手段，相去甚远。所以在反映中国古代帝王的历史题材中，穿插这类变态性欲的描写，借用西方戏剧的观念和表现方法，并不符合我们民族传统的审美情趣，因此不能说是成功的、可取的经验。

　　郭沫若构思的第三个叛逆的女性是蔡文姬。郭沫若说："'三不从'中算做了'两不从'，本来还想把蔡文姬配上去，合成一个三部曲的。蔡文姬陷入匈奴左贤王（掌中），替胡人生了两个儿子，曹操后来遣发使臣去以厚币金璧把她赎了回来。她一生前后要算是嫁过三次，中间的一嫁更是化外的蛮子。所以她在道德家，如像朱熹一样的人看来，除她的文才可取之外，品行是'卑不足道'的，顶'卑不足道'的要算是她'失身陷胡而不能死节'了。这是素来的人对蔡文姬的定评。但是在我看来，我觉得是很有替蔡文姬辩护的余地。"郭沫若以为，蔡文姬和左贤王是有爱情的，"假使曹操不去赎她，她定然是甘居于异域不愿回天汉的。不幸的是曹操去赎她，而胡人竟公然卖了她，这才发生了她和胡人的婚姻的悲剧"。①

　　不过，郭沫若构想的历史剧《蔡文姬》，并没有写蔡文姬一生嫁过三次，也没有写她身陷匈奴嫁给左贤王算不算失节的问题。郭沫若着重写曹操用重金去赎蔡文姬归汉，左贤王竟然同意，把她卖了。蔡文姬随即意识到自己受了骗，以前所谓"宠"——爱情是虚假的，左贤王没有爱过她；因此她舍弃两个儿子，在《胡笳十八拍》的悲怆声调中，毅然决然地归汉。

　　应该说，郭沫若对《蔡文姬》的构思已基本成熟，然而为什

---

　　① 《写在〈三个叛逆的女性〉后面》，《郭沫若全集》文学编第6卷，人民文学出版社1986年版，第143、146页。

么写不出呢？是对史实把握不准吗？恐怕不是。笔者以为郭沫若所要表现的古代女性的"三不从"的叛逆精神，《卓文君》反映了卓文君"在家不从父"；《王昭君》反映了王昭君"出嫁（当宫内妃嫔）不从夫（皇帝）"；《蔡文姬》却不能说是"夫死不从子"，因为左贤王还活着，两个幼儿也没有挽留她，这第三个"不从"似乎不能成立。这恐怕是郭沫若迟迟没有动笔的原因。

取而代之的是历史剧《聂嫈》。1925年，在上海目睹了"五卅"惨案的郭沫若说："我时常对人说，没有'五卅'惨剧的时候，我的《聂嫈》的悲剧不会产生，但这是怎样的一个血淋淋的纪念品哟！"[1]

二幕历史剧《聂嫈》，写于1925年6月。郭沫若把聂政、聂嫈的故事戏剧化，始于1920年春。起初，根据《史记·刺客列传》，从严仲子访问到聂政扬名，他计划写成十幕的史剧。在写作过程中，他发现戏剧结构过于松散，"感觉看第一幕与其他九幕相隔三年多，时间上不统一；而且前五幕主要写聂政，后五幕主要写聂嫈，人物上也不统一；于是索性把写成十幕的计划，完全抛弃了"[2]。

二幕历史剧《聂嫈》，写了聂政死后，姐姐聂嫈和酒家女临尸痛哭，甘冒生命的危险，为了替聂政扬名，她们先后在聂政尸旁自刎，突出了聂嫈、酒家女的凛冽性格。聂政担心死后连累姐姐，所以在自刎时把自己的面容毁坏了，聂嫈则无畏地来殉她弟弟，义无反顾，死而后已。酒家女虽是一个陪衬人物，却为突出聂嫈的"巾帼英雄"的气质起了烘托的作用。酒家女有着一颗纯洁而美丽的心，在聂政、聂嫈的感召下，也尽了宣传英雄业绩的使命，

---

[1]　《写在〈三个叛逆的女性〉后面》，《郭沫若全集》文学编第6卷，人民文学出版社1986年版，第143、146页。

[2]　《我怎样写〈棠棣之花〉》，《郭沫若全集》文学编第6卷，人民文学出版社1986年版，第273页。

跟随英雄的足迹殉死。

《聂嫈》表彰了战国时代志士仁人抗秦除暴的英雄行为和舍生取义的精神，它在当时有着明显的"借古鉴今"的意味，在"五卅"惨案的高潮声中演出，激发了广大观众的革命热情，第一天票房收入就达七百多元，作者把这笔钱捐给了正在第一线奋战的上海工人阶级。

如果从"三不从"这个新的道德层面上去审视，《聂嫈》是不符合作者的原意的，无论是不从父、不从夫、不从子哪个方面来看，剧本《聂嫈》都不具有这方面的旨意。然而，作为一个古代女子，在抗秦除暴的斗争中，为坚持正义而勇于献出自己的生命，也算得上是一个叛逆者了。这恐怕是 1926 年郭沫若把《聂嫈》收入历史剧合集《三个叛逆的女性》的主要理由吧！

四　怪哉，马克思进文庙

郭沫若不仅崇拜孔子，赞美先秦儒家的思想文化，他甚至把孔子的学说提升到共产主义水平线上，把孔子的学说等同于马克思主义。

这是怎么一回事呢？

1925 年，在中国思想界、学术界发生过一场关于马克思主义、共产主义是否适合中国国情的论争。郭沫若当时在上海，撰文参加了这场论争。

郭沫若在《穷汉的穷谈》一文中说："共产主义者只是努力把产业集中，使他可以早日得共而已。"① 他在《新国家的创造》一文中还说："纠合无产阶级者以建设公产制度的新国家，以求达到全人类的物质上与精神上的自由解放的，不消说就是马克斯的

---

① 载《洪水》半月刊第 1 卷第 4 号，1925 年 11 月 1 日。

共产主义，但也可以称为新国家主义，这用我们中国古代的话来表现就是所谓'王道'。"① 郭沫若把"共产"解读为"公产"，反映了他早期对共产主义理想社会的一知半解；把马克思主义等同于儒家的"王道"，更是反映了郭沫若的糊涂认识，同时也美化了儒家的"王道"，因为"王道"毕竟是私有制的产物。

郭沫若有两篇文章值得我们注意。一篇是历史小品《马克斯进文庙》②，写得很有风趣；另一篇是论说文《讨论〈马克斯进文庙〉》③。

在《讨论〈马克斯进文庙〉》一文中，郭沫若认为，马克思的学说和孔子创立的儒家学说的"出发点可以说是完全相同的"；马克思所设想的共产主义的理想社会和孔子的"大同世界"，"竟是不谋而合"。郭沫若甚至认为，"孔子是王道的国家主义者，也就是共产主义者，大同主义者"。把孔子誉为"共产主义者"，郭沫若崇拜孔子、美化孔子，可谓达到了极致。

《马克斯进文庙》开篇虚构了某年十月十五日"丁祭"后的第二天，孔子和他的三个得意门徒（颜回、子路、子贡）正在上海的文庙吃冷猪头肉。四位青年大班抬着一乘轿子进了文庙，停在圣殿前。轿内走出一位脸如螃蟹、胡须满腮的西洋人。宾主相互介绍以后，孔子才知道这位便是"马克斯卡儿"（今通译卡尔·马克思）。四个青年大班充当了翻译。

马克思的名字，近几年在中国声望很高，孔子早有所耳闻。孔子向来尊贤好学，当得知马克思到，惊喜地叫了起来："啊啊，有朋自远方来，不亦乐乎呀！马克斯先生，你来得真难得，真难得！你来到敝庙里来，有什么见教呢？"

---

① 《新国家的创造》，《洪水》半月刊第 1 卷第 8 号，1926 年 1 月 1 日。
② 载《洪水》半月刊第 1 卷第 7 号，1925 年 12 月 16 日。
③ 载《洪水》半月刊第 1 卷第 9 号，1926 年 1 月 16 日。

马克思毫不客气地发了一通议论：

> 我是特为领教而来。我们的主义已经传到你们中国，我
> 希望在你们中国能够实现。但是近来有些人说，我的主义和
> 你的思想不同，所以在你的思想普遍着的中国，我的主义是
> 没有实现的可能性。因此我便来直接领教你，究竟你的思想
> 是怎么样？和我的主义怎样不同？而且不同到怎样的地步？
> 这些问题，我要深望你能详细地指示。

孔子听了马克思这一番话，很谦虚地回答道："我的思想是没
有什么统系的，因为你是知道的，我在生的时候还没有科学，我
是不懂逻辑的人。假如先把我的思想拉杂地说起来，我自己找不
出一个头绪，恐怕也要把你的厚意辜负了。所以我想，还是不如
请你先说你的主义，等我再来比付我的意见罢……"

马克思表示同意，不过在谈主义之前，他要先说明他的思想
的出发点。他说：

> 我的思想对于这个世界和人生是彻底肯定的，就是说我
> 不和一般宗教家一样把宇宙看成虚无，看成罪恶的。我们既
> 生存在这个世界里面，我们应当探求的，便是我们的生存要
> 怎样才能够得到最高的幸福，我们的世界要怎样能够适合于
> 我们的生存。我是站在这个世界说这个世界的话。这一点我
> 和许多的宗教家，或者说玄学家不同，这一点我要请问你，
> 究竟你的思想和我是什么样？假使这个出发点我们早就不同，
> 那么我们根本上走的是两条路，我们的谈话也就没有再往下
> 继续的必要了。

马克思刚说完话，没等孔子开口，子路便抢着说："是呀，我

夫子也是注重利用厚生之道的人；我夫子最注重民生，所以说，‘天地之大德曰生’的呀。”

孔子接过子路的话说：“是的，我们的出发点可以说是完全相同的。不过你要想目前的世界适合于我们的生存，那么要怎样的世界才能适合，要怎样世界才能使我们的生存得到最高的幸福呢？你定然有这样一个理想的世界的。你的理想的世界是怎样的呢？”

马克思说孔子问得正好。那么，什么是马克思的理想的世界呢？马克思说：

> 我的理想的世界，是我们生存在这里面，万人要能和一人一样自由平等地发展他们的才能，人人都各能尽力做事而不望报酬，人人都各能得生活的保障而无饥寒的忧虑，这就是我所谓“各尽所能，各取所需”的共产社会……

“啊哈，是的呀！”平日很庄重的孔子，听了马克思这番议论，竟拍手叫绝，说：

> 你这个理想社会和我的大同世界竟是不谋而合。你请让我背一段我的旧文章给你听罢。

于是孔子摇头摆脑地背起书来。马克思越听越觉得孔子充其量不过是一个“空想社会主义者”罢了。接着便发生了马克思和孔子之间围绕思想、政治问题的一场论争，以求增加彼此相互的了解。孔子的长篇大论，一直讲到“节用”——“不过，我想就是在现在，节用也恐怕是要紧的罢？大家连饭也还不够吃的时候，总不应该容许少数人吃海参鱼翅的。”

“啊，是的！”马克思这时不由得感叹起来，说道：

我不想在两千年前，在远远的东方，已经有了你这样一个老同志，你我的见解完全是一致的，怎么有人曾说我的思想和你的不合，和你们中国的国情不合，不能施行于中国呢?

"唉!"孔子长长地叹了一声，说道："他们那里能够实现你的思想! 连我在这里都已经吃了二千多年的冷猪头肉了!"

"什么? 你的意思是中国人不能实现你的思想吗?"马克思不禁吃惊地问。

孔子回答说："还讲得到实现! 单只要能够了解，信仰你的人就不会反对我了，信仰我的人就不会反对你了。"

"啊! 是那样我要……"马克思突然冒出了这么一句。

"你要做什么?"孔子大惑不解地问。

"我要，回国找我的老婆去。"马克思在思念妻子了。

此时假如是道学家眼中的孔子，一定要大发雷霆，骂这个想老婆的马克思为禽兽了。但是人情之所不能忍者，圣人不禁。我们的孔圣人不但不骂马克思，反而很艳羡地问道："马克斯先生，你是有老婆的吗?"

"怎么没有? 我的老婆和我是志同道合，而且很好看啦!"马克思夸耀自己的老婆长得美丽，把老婆吹得理想化了。

孔子见马克思那得意的样子，便自喟然太息而长叹曰："人皆有老婆，我独无呀!"孔子是把老婆"休"了。

雄辩家的子贡说了一句很风趣的话，"四海之内皆老婆也，夫子何患乎无老婆也?"子贡把孔子的原话加以改用，逗得孔子也笑了。

马克思感到莫名其妙，盘问了一会儿，才知道孔子是自愿离了婚的人。他越发觉得孔子这个人很有意思。

孔子接着对马克思说："我是老吾老，以及人之老，幼吾幼，以及人之幼，妻吾妻以及人之妻的人，所以你的老婆也就是我的老婆了。"这个调侃未免太过头了。

马克思听了惊骇得大叫起来："喂，孔二先生，我只是提倡共产，你公然在提倡共妻！你的思想比我更危险啦！好，我不敢再惹你了。"

马克思说完话，连忙招呼着四位大班把轿抬过来，急匆匆地临阵脱逃。

孔子和三个弟子站在殿上，看着马克思那狼狈样笑了。颜回说："君子一言以为智，一言以为不智，今日之夫子非昔日之夫子也，亦何言之诞耶？"

孔子莞尔而笑曰："前言戏之耳。"

以上是《马克斯进文庙》的故事梗概。它透过颇具喜剧色彩的描述，表达了下面几点意见。

第一，马克思主义、共产主义是适合中国的国情的。这是为反驳无政府主义者、国家主义者鼓吹中国"国情特殊"论而提出的，是郭沫若当时同无政府主义者、国家主义者论争的核心问题。

第二，两千多年来的古老中国，儒家思想文化在上层建筑领域内占有绝对统治的地位；而儒家思想文化同马克思的思想学说的出发点和基本点是相一致的，或不谋而合的。

第三，马克思所设计的共产主义理想社会的"各尽所能，各取所需"的蓝图，就是孔子的"王道""天下为公""大同世界"。正因为如此，马克思要把孔子亲切地称作他的"老同志"。东西方文化碰撞的结果是"志同道合"。

第四，至于"共产"便是"共妻"，"妻吾妻以及人之妻"，乃是反讽和戏言。这是用以讥讽当时一些无政府主义者、国家主义者和北洋军阀政府散布的"共产共妻"的谬论。但是把这些调侃的话用在孔子身上，似乎不妥，因为孔子一向是歧视妇女的；

何况"老吾老，以及人之老，幼吾幼，以及人之幼"，是孟子的话（见《孟子·梁惠王》）孔子是春秋后期的人，孟子是战国时代的人，现在改成孔子的言论，也是不妥的。

第二章　研究古史与质疑孔孟

一　"我是中国人"

在郭沫若公开表示反对蒋介石以后，1927 年 5 月 6 日，国民党中央执行委员会致函国民政府，提出开除郭沫若的国民党党籍，并通电严缉归案惩办。国民政府于 1927 年 5 月 10 日行文至各军兵种军部和各省政府，发布捉拿郭沫若的通缉令。

因此，郭沫若于同年 10 月下旬由广东神泉绕道香港来到上海，但不能久留。在中共党组织安排下，郭沫若准备带家眷去苏联。当时苏联同国民政府的关系已经很紧张，苏联领事馆人员将全部撤回国去，他想乘这趟海轮随行。在行期未定之前（即这年年末），郭沫若突然患斑疹伤寒，延误了船期。后来在周恩来的安排下，改去日本。

据郭沫若 1928 年 2 月 10 日的日记记载："豪（即周恩来——引者）和民治（即李一氓——引者）来，同吃中饭。仿吾亦来，约了初梨等来谈话……决延期乘十八号的'坎拿大皇后'。"①

2 月 24 日，郭沫若带家眷乘船离开上海去日本。他说他是

---

① 《海涛集·离沪之前》，《郭沫若全集》文学编第 13 卷，人民文学出版社 1992 年版，第 294 页。

"顶着一个三万元的赏格的脑袋到日本去亡命"的。他在《跨着东海》一文中写道：

> 我真个是孤孤单单地离开了我很不情愿离开的祖国。祖国并不是不需要我，然而我却不能不离开了。在开船的时候，我望着沉默的祖国，潸潸地流下了眼泪。

2月27日，郭沫若抵神户，后来全家定居在日本千叶县市川市须和田一个乡镇的陋巷里。当时正是日本的思想统治开始走向

1923年郭沫若与安娜及孩子们的合影

极端反动的时候，曾经盛极一时的左翼文艺运动、马克思主义研究，以及日本共产党组织，都遭到摧残和迫害。作为曾经被日本政府视为"左派的要人"的郭沫若，来这里避居，也难于幸免。

郭沫若一直受到日本刑士（便衣警察）、宪兵的严密监视，行动极不自由。穿着长筒马靴的宪兵常常破门而入：

> "怎么样?"——他咆哮着。"我是奉命看管你的。"
> "岂有此理！你管不着我!"——我也咆哮起来了："你犯了你们的国法!"
> "哼，你是支那人，我们的国法不是为'枪果老'（日本人对中国人的恶称）设的。你有胆量就回你的支那去，我却有胆量就在你支那境内也要横行，你把我怎么样?"
> 我的脑袋子快要炸裂了。他确实是在中国境内也可以横

行的人，而我自己呢，连祖国都不能见容，我能把他怎么样呢？①

面对这种侮辱，郭沫若既不屈服，也不蛮干。他懂得保存自己，保护自己。海外亡命十年，一种强烈的爱国主义精神在支撑着他。他常常这样鞭策和勉励自己："无论在怎样环境中，你得拿出勇气和耐心来，更坚毅地生活下去。你虽然离开了祖国，离开了工作岗位，你不应该专门为全躯保妻之计，便隐没下去的。"②日本长筒马靴在他头上的践踏，使他牢牢地记住："我是中国人！"③

二　填补恩格斯著作的空白

郭沫若的确没有沉溺下去，定居市川市以后，他开始系统地研读马克思、恩格斯的经典著作，包括哲学、经济学、历史学等，并开始思考如何把马克思主义同中国社会的实际结合起来。他认为："要使这种新思想真正地得到广泛的接受，必须熟练地善于使用这种方法，而使它中国化。"④

为了批驳胡适等人散布的马克思主义是"外来异物"，与中国的"国情不同"的理论，也为了参加当时在国内关于中国社会性质的论争，郭沫若开始考虑如何运用马克思主义来研究中国历史，

---

① 《海涛集·我是中国人》，《郭沫若全集》文学编第 13 卷，人民文学出版社 1992 年版，第 355 页。

② 《海涛集·跨着东海》，《郭沫若全集》文学编第 13 卷，人民文学出版社 1992 年版，第 328 页。

③ 《海涛集·我是中国人》，《郭沫若全集》文学编第 13 卷，人民文学出版社 1992 年版，第 356 页。

④ 《海涛集·跨着东海》，《郭沫若全集》文学编第 13 卷，人民文学出版社 1992 年版，第 330 页。

并在研究过程中实现自己从旧时的唯心史观向唯物史观的转变。这可以说是郭沫若亡命日本后不久就向中国古代文献和历史方面发展的根本原因。他说：

> ……因而我的工作便主要地倾向到历史唯物论这一部门来了。我主要是想运用辩证唯物论来研究中国思想的发展，中国社会的发展，自然也就是中国历史的发展。反过来说，我也正是想就中国的思想、中国的社会、中国的历史，来考验辩证唯物论的适应度。①

郭沫若就在日本刑士和宪兵的监视下，着手翻译马克思的《政治经济学批判》一书，同时开始撰写《中国古代社会研究》。他认为翻译的过程也就是研究的过程。至于他为什么要撰写《中国古代社会研究》？他在该书《自序》中说："不是说研究中国的学问应该要由中国人一手包办。事实是中国的史料、中国的文字、中国人的传统生活，只有中国人自身才能更贴切的接近。"他接着说：

> 世界文化史的关于中国方面的记载，正还是一片白纸。恩格斯的《家族、私有制和国家的起源》上没有一句说到中国社会的范围。
>
> 外国学者对于东方情形不甚明瞭，那是情理中事。中国的鼓睛暴眼的文字实在是比穿山甲、比蝤毛还难于接近的逆鳞。外国学者的不谈，那是他们的矜慎，谈者只是依据旧有的史料，旧有的解释，所以结果便可能与实际全不相符。

---

① 《海涛集·跨着东海》，《郭沫若全集》文学编第 13 卷，人民文学出版社 1992 年版，第 331 页。

在这时中国人是应该自己起来，写满这部世界文化史上的白页。

外国学者已经替我们把路径开辟了，我们接手过来，正好是事半功倍。

本书的性质可以说就是恩格斯的《家族、私有制和国家的起源》的续篇。

这意味着《中国古代社会研究》一书填补了恩格斯著作的空白。

郭沫若于 1930 年汇集出版的《中国古代社会研究》一书，以丰富的史实阐述了中国古代社会由原始公社向奴隶制演进的过程，证明了中国古代确实存在过奴隶制社会，从而说明中国的社会发展史，同马克思、恩格斯论证的人类社会发展史的普遍规律是相一致的。时隔十七年（即 1947 年）该书再版的时候，郭沫若在《后记》中自认为"这在我自己是一部划时期的作品，在中国的史学界似乎发生过相当大的影响"。

但是在《中国古代社会研究》的初版本中，郭沫若把殷代算作原始社会的末期，奴隶制社会起自西周；接着

《中国古代社会研究》（1930 年初版本的书影）

把奴隶制的下限定为西周。这些属于古史分期问题，后来不断加以修正。郭沫若说："但从今天所有的材料看来，殷代已进入奴隶

社会是不成问题的。这已明确地改正了本书中的一个大错误——认殷代为原始公社制的末期。其次，我在《奴隶制时代》中，已把奴隶制的下限定在春秋与战国之交，这也是比较可靠的，这又明确地改正了本书中的另一个大错误——只认西周为奴隶社会。"①应该说，在古史分期的问题上，郭沫若的观点，只是一家之言。但他是首倡者和不断推动者，他的理论主张和他对奴隶制问题的长期探索，对于中国古代社会的深入研究是有着重要的意义的。

周恩来称赞郭沫若精研中国古代史和古文字，"用科学的方法，发现了古代的许多真实"②。在研究工作中，郭沫若坚持了唯物主义的历史观，同时重视占有史料，以史实为依据去发现古代的真实。他对前人研究的成果，既不取虚无主义的态度，也不墨守成规，而是努力探索新的路径。

郭沫若在掌握古代史资料方面所下的功夫是令人叹服的。他早年在家塾里熟读四书五经，大体能够背诵诸子，对基本的史料往往不用翻检就可以引用自如。他自己说过："秦、汉以前的材料，差不多被我彻底勘翻了，考古学上的、文献学上的、文字学、音韵学、因明学，就我所能涉猎的范围内，我都作了尽我可能的准备和耕耘。"③

郭沫若为了把古代史研究和古文字学研究很好地结合起来，在生活十分窘迫的情况下，仍想方设法去精研古文字学。例如，1928年9月，他到东京去向文求堂店主田中庆太郎访求《殷虚书契》的入门书，见有《殷虚书契考释》，但书价要12元，而他身上只有6元钱，他提出以6元作抵押借阅几天，遭到店主的拒绝；

---

① 《中国古代社会研究·一九五四年新版引言》，《郭沫若全集》历史编第1卷，人民出版社1982年版，第4页。

② 周恩来：《我要说的话》，重庆《新华日报》1941年11月16日。

③ 《十批判书·后记》，《郭沫若全集》历史编第2卷，人民出版社1982年版，第468页。

但他很感激店主指点他去东洋文库阅览此类书的门径。为了打开甲骨文、金文的秘密，郭沫若克服各种困难，在新闻记者山上正义的帮助下，通过作家藤村成吉的介绍，借用川上在中国使用的假名"林守仁"，郭沫若同东洋文库主任石田千之助取得了联系。在当时日本学者还不重视殷代遗物研究的情况下，"在那文库里面所收藏的丰富的甲骨文和金文，便全部归我一个人独揽了"①。

郭沫若花了一两个月的时间，"读完了库中所藏的一切甲骨文和金文的著作"，"也读完了王国维的《观堂集林》"。至此，郭沫若说："我对于中国古代的认识算得到了一个比较可以自信的把握了。"②

在古文字学方面，郭沫若感激替他开辟了门径的王国维大师。在读了《殷虚书契考释》后，他敬佩王国维"在中国古代史上，在甲骨文字的解释上，竟已经建树了那样划时代的不朽的伟业"③。

王国维还提出"二重证据法"，利用古器物和古文字材料结合古文献来研究历史，开创了我国资产阶级的新史学。"在几千年来的旧学的城垒上，灿然地放出了一段异样的光辉。"④

郭沫若认为，研究中国的古史、探讨中国的古代社会，要继承前人的成果，借鉴前辈学者提供的史料，很自然地就要以罗振玉、王国维之业绩为出发点。郭沫若也是以此为出发点，为甲骨文字的编纂整理创立了一个科学的体系。他的《卜辞通纂》一书，选辑传世各家"卜辞之精辟者"汇编成书，按照干支、数字、世系、天象、食货、征伐、田游、杂纂八项进行了分类、排比、考

---

① 《海涛集·我是中国人》，《郭沫若全集》文学编第 13 卷，人民文学出版社1992 年版，第 363、365 页。

② 同上。

③ 同上。

④ 《中国古代社会研究·自序》，《郭沫若全集》历史编第 1 卷，人民出版社 1982年版，第 8 页。

释，每一项还有一小结，创立了一个比较完备的系统，至今仍不失为一部研究甲骨文字的入门书。

此外，郭沫若还重视运用近代考古学的成就于历史研究。他不仅注意古器物、古文字，更重视出土的遗物、居址、墓葬以及地层关系中所反映的社会全貌的史实，为历史科学寻求确凿的物证。

郭沫若并不停留于古文字学本身的研究，正如他在《甲骨文字研究·重印弁言》中所说的，"想通过一些已识未识的甲骨文字的阐述，来了解殷代的生产方式，生产关系和意识形态"。他强调史学家要有"创通条例，开拓闳奥"的治史精神。

郭沫若在古文字研究领域之所以能够超越前人或同时代的人，主要是他正确地运用了历史唯物主义的观点和方法，从出土的先民遗物中去观察古代社会的真实，以破除后人的粉饰——阶级的粉饰。例如在《释祖妣》一文中，郭沫若称赞王国维的《女字说》，"揭破了三千年来的秘密"。他受王国维的启发是显而易见的。但是，郭沫若以甲骨文证史，不愿局限于狭小的范围内。他不是简单地停留在"祖妣"含义的考述上，而是从研究"家族进化之历史"出发，考甲骨文"祖妣"二字的象形，"为牡牝之初字"，其来源于原始社会人类对生殖器的崇拜。郭沫若说："盖上古之人本知母而不知父，则无论其父之母与父之父。然此有物焉可知其为人世之初祖者，则牝牡二器是也。故生殖神之崇拜，其事几与人类而俱来。其在西方，新旧石器时代之器物已有发现，足见其事之远古。中国考古之事尚未脱尽玩好之畛域，而缙绅先生亦视此事为不雅驯而讳莫如深……"[1]

王国维的《女字说》只论证了古代女子与男子一样有字号，

---

[1] 《甲骨文字研究·释祖妣》，《郭沫若全集》考古编第 1 卷，科学出版社 1982 年版，第 30 页。

男女之间地位平等；郭沫若则指出殷代还流行着亚血族群婚制，即兄弟共多妻，姊妹共多夫。郭沫若的惊人之论，第一次揭开了被儒家大加粉饰过的殷代社会的面纱，把它的真相暴露出来，使读者对中国古代的历史、古代社会的婚姻制度，有了一个科学的认识。

此外，对殷周青铜器铭文的研究，郭沫若在吴大澂、孙诒让、王国维的基础上，又做出了新的贡献。周代铜器很多，过去对它只是一片混沌，即使偶有年代划分也漫无标准。郭沫若花了五六年时间去研究，才得到一个比较明晰的系统，并于 20 世纪 30 年代中期先后写出了《两周金文辞大系》的《图录》与《考释》两部著作。郭沫若说："我是先寻

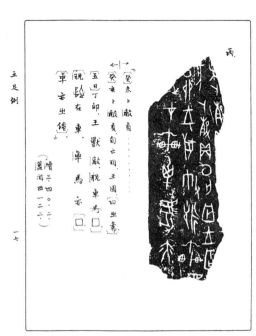

《殷契余论》内文书影

到了一些自身表明了年代的标准器，把它们作为联络站，再就人名、事迹、文辞的格调，字体的结构，器物的花纹形式等以为参验，便寻出了一个至少比较近似的条贯。凡有国度表明了的，也在国别中再求出时代的先后。就这样我一共整理出了三百二十三个器皿，都是铭文比较长而史料价值比较高的东西。两周八百年的浑沌似乎约略被我凿穿了。"①

---

① 《十批判书·古代研究的自我批判》，《郭沫若全集》历史编第 2 卷，人民出版社 1982 年版，第 10 页。

　　总之，郭沫若对甲骨文、金文的研究，自创体裁，自成系统。正因为如此，他才能在历史研究领域开一代风气之先，为甲骨文与金文的科学运用开辟了一个新天地。

　　亡命日本十年（1928—1937 年），郭沫若的著述是辉煌的。他先后出版了《中国古代社会研究》《甲骨文字研究》《殷周青铜器铭文研究》《两周金文辞大系》《金文丛考》《金文余释之余》《卜辞通纂附考释索引》《古代铭刻汇考四种》《古代铭刻汇考续编》《两周金文辞大系图录》《两周金文辞大系考释》《殷契粹编附考释索引》《石鼓文研究》《先秦天道观之进展》《周易的构成时代》等著作，取得了震惊中外的重大成就。

　　这些成果来之不易。郭沫若流亡日本一年光景，由于创造社总部被国民党政府查封，他每月一百元的生活费来源从此断绝了。这时他正集中精力从事中国古史研究，安娜俭约持家，"炊爨洒扫，洗衣浆裳，乃至对外的应付，一切都全部靠着她"①。郭沫若则拼命地著书。他提到《甲骨文字研究》一书写作的情况——"那书是我用毛笔写出来石印的。在那《释支干》里面有一段的字迹特别写得粗大（第三十九页），那也是我坐在斗室里面，发着高烧，所力疾写出的痕迹了。当时因为昼夜兼勤的研究，昼夜兼勤的写，不幸着了寒，便发出了高烧。文字愈写愈大，结果终竟不能支持，睡倒下去了。"②

　　然而，为了顾计生活，专注于古史研究是不行的。于是，研究之余，郭沫若把精力移到别种文字的写作和翻译。如写了《我的幼年》《反正前后》，翻译了辛克莱的《石炭王》《屠场》《煤油》，亚多尔夫·米海里司的《美术考古学发现史》等，靠着这

　　① 《海涛集·我是中国人》，《郭沫若全集》文学编第 13 卷，人民文学出版社1992 年版，第 367、352 页。

　　② 同上。

些稿费收入，才基本上免除了饥饿的威胁。

不过，郭沫若也有暂时放下文稿、走出书斋的时候。那是1934年的酷夏，孩子们放暑假了，安娜为了让丈夫有片刻的休憩，便怂恿全家到浪花村小住。浪花村面对太平洋，它离市川市只有三个多小时火车的路程。

郭沫若一家在浪花村的岩和田租了一间小屋，这里松林葱郁，连峰耸立，从窗口看西侧的山峰，山腰有一座大宫神社，山顶白云飘浮，宛如嵌在镜框内的一幅油画。

翌日午后，一家人穿过两条隧道，又翻过一座小山，来到了海湾。安娜说，这里是小波都奇，前面那个海湾是大波都奇，那里似乎更清静些。他们一直向前走去，安娜背着小儿子走在陡峭的山路上。海湾显得幽邃，海水也更加澄清了。

眼前出现了一个奇异的景致——两侧的岩臂向海中伸出，把海湾抱住。安娜兴奋地喊道："这儿简直是我们的世界了！"

安娜领着孩子们到岩壁背面玩耍去了。

碧绿的海水深不见底，周围寂静无声。郭沫若一人很想下去泅水，他脱下衣裤放在沙岸上，一丝不挂地畅游了。

海水平静，心境也是平静的，平日的忙碌与烦恼，现在已经被海水冲刷得干干净净了……

这时一只渔船正向湾子划过来。

"啊！船上都是赤裸的海女！"郭沫若惊叫起来，慌忙凫到海边，把衣裤穿上。

但这狼狈逃窜的一幕，已经被海女们看见了，她们连说带笑地比画着：

"哈！你把那个东西藏起来了。"

"哈哈！真是白净呀！"

"哈哈哈，像一条鳗鱼啰！"

郭沫若后来想起来了，原来沙岸上堆放着的笼篮和破旧的衣服，是海女们留下的。因为贫穷，她们潜入海底去捕捉鲍鱼、蝶螺，其实她们是在向死亡挑战，多少海女沉潜海底而不见再露出水面。在她们嬉笑的外表下，掩藏着她们挣扎的悲哀。

郭沫若离开了海女，随着全家从左侧岩礁走到右侧来。右侧的岩礁是平坦的，呈五层阶段，在第三层上有一个一寻见方的方池，只有几寸深，中间安置了一根又大又长的天然石。

郭沫若和安娜争论开了。安娜说那是天然形成的；郭沫若坚持认为它是人为的。

这根天然石，很像男性的生殖器。郭沫若仔细观察后说："如果是天然形成的，哪有这般规整呢？这或许是原始社会渔民所崇拜的生殖神吧？"

第三天午后，全家又到小波都奇。今天海浪很大，不能下海游泳。郭沫若一人往大波都奇去，想证实一下他那个关于生殖神崇拜的观点。他坐在一块岩石上看，发现那岩礁处处有钻凿的痕迹。

郭沫若站在岩石上，望着左边那块像蛤蟆张着嘴似的一个洼岩框，它正和这边他站着的这块巨石遥遥相对。他顿时领悟到，那不就是女性的生殖器吗？

"这一定是一对雌雄！"有着"考据癖"的郭沫若，著述之余，大概是想在自然界找寻可以用来印证原始社会人类存在生殖崇拜现象的器物吧！

浪花村十日的览胜终于结束了。[①]

三　研究历史与质疑孔孟

20 世纪 30 年代，郭沫若从事古史研究，证实了古代中国经历

---

① 《归去来·浪花十日》，《郭沫若全集》文学编第 13 卷，人民文学出版社 1992 年版，第 377—386 页。

过奴隶制时代，从而填补了恩格斯在其著作中没有涉及的关于东方古代社会制度的空白。

根据郭沫若的考证，中国从殷商开始进入奴隶制时代。"周室东迁以后，中国的社会才由奴隶制逐渐转入了真正的封建制。"①这一重要的结论，说明了孔子生活的春秋后期，正是奴隶制向封建制过渡的转型期；在这个社会大变革、大动荡的时代，孔子却坚持着"吾从周"的复古倒退的政治倾向，这成了郭沫若要对孔孟提出质疑的理论基础。他不再像 20 世纪 20 年代中期那样一味地崇拜孔子，也不会再让马克思走进文庙了。他主要取得了以下几方面的成就。

第一，解析氏族社会的形态。

中国的历史有器物和文字可考的是从商代开始，商代以前是神话传说。如关于尧、舜的传说。尧皇帝的两个女儿同嫁给了舜皇帝，舜和他的兄弟象共妻这两位姊妹；同样，舜与象也是这两姊妹（娥皇、女英）的共夫。这还是母系社会，"知有母而不知有父"的时代。这也是当时尧、舜、禹实行帝位禅让制的根本原因。

然而孟子对舜娶娥皇、

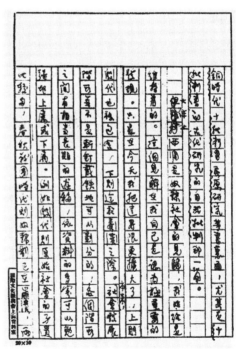

《中国古代社会研究》手稿

---

① 《中国古代社会研究》，《郭沫若全集》历史编第 1 卷，人民出版社 1982 年版，第 8 页。以下引文凡不注明出处者，均见此书。

女英两姊妹为妻却做了另一种解释。

> 孟子曰："不孝有三，无后为大。舜不告而娶，为无后也，君子以为犹告也。"[①]

舜因为担心"无后"，娶了娥皇、女英两姊妹为妻，所以虽然没有事先禀告母亲，也就等于禀告了。须知，无后乃不孝之首，舜之不告是怕母亲阻止。

实际上，历史的真实是，娥皇、女英同舜、象是共夫共妻的关系，娥皇或女英怀胎生子，无法弄清孩子的父亲是舜还是象，这就不存在"有后""无后"的问题，这是母系中心制的氏族社会的特点。孟子显然篡改了历史，他把共夫共妻的亚血族结婚制改为一夫一妻的配偶制，把母系中心社会改为父系中心社会。因此，"有后""无后"便成了宗法制度的重要问题。说穿了，孟子的篡改，完全是为了宣传儒家的孝道，至于历史的真实便无暇顾及了。郭沫若虽然没有直接批评孟子，但他揭示了舜与象同娥皇与女英共夫共妻的历史真相，这无疑也起到了澄清史实的作用。

第二，解析奴隶制社会的形态。

西周是奴隶制社会，阶级对立已经分明地存在着。"君子"便是当时的贵族；"小人"便是当时的奴隶。郭沫若因之说：

> 周初的局面被后人粉饰出来虽然很像一个极盛的封建时代，但那全盘是虚伪。我们由最可靠的信史——《诗经》——可以考查得的，直到周宣王时，汉民族都只仅仅跼居在黄河流域的中部，当时四方八面都还是比较落后的牧畜民族。例如南方的长江流域便有荆蛮、淮夷、徐戎，西方的

---

① 《孟子·离娄上》。

有犬戎，北方的有蛮貊、狄人、猃狁，山东一带还有所谓莱夷、嵎夷。所以事实上它还是被四周的氏族社会的民族围绕着的比较早进步了的一个奴隶制社会。

孔子是粉饰西周、美化西周的第一人。子曰："周监于二代，郁郁乎文哉，吾从周。"（《论语·八佾》）孔子认为，西周传承了夏、商两代的礼乐，斑斓而富有文采，所以他要遵从周代的礼乐制度。然而，到了春秋后期，西周的礼乐已经是礼崩乐坏，连诸侯卿大夫都不再实行西周的礼乐制度，孔子却要恪守着，这只能表明他的复古倒退的立场。

例如，"八佾"，这是周代皇室的一种乐舞，八个舞者为一行，即一佾，八佾是八行，共六十四人。这种乐舞系君王专用独享；卿大夫只配享用四佾。季平子是鲁国的大夫，他竟然在自家的庭院里用"八佾"奏乐起舞，说明他目无国君，践踏了周代的礼仪制度。

孔子谓季氏，"八佾舞于庭，是可忍也，孰不可忍也？"①

然而孔子奈何得了这些卿大夫们么？

孔子甚至赞美周代的道德。子曰："周之德，其可谓至德也已。"（《论语·泰伯》）他把"周之德"称作至高的、尽善尽美的道德。然而这"周之德"是奴隶社会的道德，是奴隶主奴役、惩治奴隶的道德。

在孔子心目中，周公便是这种"至德"的代表者。然而郭沫若却说："我们看那周公骂殷人是'蠢殷'、'庶殷'，或说'殷之顽民'，而且把那些'庶殷'征发来做洛邑，用种种严厉的话去

_____

① 《论语·八佾》。

恫吓他们，那不完全表示着把被征服的民族当成奴隶使用吗？"

周公姓姬名旦，周文王之子，周武王、管叔鲜之弟，周成王之叔。周武王在灭殷的第二年便死去了，但天下仍不安宁，若传子，成王尚幼，无法挽救危局，若传弟，应该传给管叔鲜，还轮不到周公挂帅。但管叔鲜的智与勇承担不了如此重任。"若传贤，自属周公。然周公居中主政，嫌于自取。不得已乃奉孺子王（即成王——引者）而摄政。"①

正因为如此，孔子要来称赞"周公之才之美"。（《论语·泰伯》）同时，周公又是鲁国的始祖，周公便成了孔子最敬服的圣人。

关于周公，郭沫若有一个论断："周公在周初固然是一位杰出的人物，特别是在政治上，但所有一切周礼，相传为周公所制作，事实上多是出于孔子及其门徒们的纂集与假托。"②

然而，实际上，周公是一位疯狂杀戮殷庶民的魔王。郭沫若说：

> 周公东征就是因为被征服了的殷人，不甘受奴隶制的压迫，造起了反来，周公便带兵去讨伐他们。《周书》的《大诰》，便是出师时候的训辞，那时候殷人的叛乱，势力很浩大。所以在周公主张讨伐的时候，他说：
> "予得吉卜，予惟以尔庶邦，于伐殷遗播臣。"
> 但是一般的庶邦君和庶士御事都反对，说很困难，民还不安定，应该要先务内政，不要去图武功，龟卜可以不必听从。但是周公坚持着自己的意见，他终竟带起兵去讨伐了。

---

①　钱穆：《国史大纲》（修订本），商务印书馆 1996 年版，第 40 页。

②　《十批判书·孔墨的批判》，《郭沫若全集》历史编第 2 卷，人民出版社 1982 年版，第 96 页。

结果是怎样呢？他一去便打了三年，弄得来斧破斨缺，一般的士兵都怨望起来了。

……

周公这位老头子，他是很厉害的一位角色，他是奴隶制的完成者。他能文能武，意志很坚固，手段很毒辣。我们看他把殷人的反叛平定了以后，他索性更加一倍地把他们奴隶化，大兴土木叫他们来做工，把他们整个地迁到洛邑，叫他的兄弟康叔去镇压着他们，不惜用种种的严刑峻法，三令五申地去恫吓他们。《周书》中的所谓《康诰》《酒诰》《梓材》《召诰》《洛诰》《多士》《多方》，都是对付他们说的话。

……

他一时又很凶狠地恫吓他们：

你们竟不识王法，屡屡造反。我所以来告诫你们，不听我便要屠杀你们，一次不够来二次，二次不够再来三次，结果我总要屠杀得你们一个灭族灭种！并不是我们周家不讲和平，是你们自作自受！①

如此周公，竟被孔子尊为大圣人，对他佩服得五体投地。处在制度更替的春秋后期，孔子试图挽救正在衰落的奴隶制，而周公是奴隶制的完成者，这便是孔子尊崇周公的根本原因。

第三，解析"君子"与"小人"的阶级关系。

在奴隶制社会，"君子"与"小人"代表着两个对立的阶级。到了西周，这种对立已经分明存在着。正如郭沫若所说："本来当时的阶级的构成是分成'君子'和'小人'的。'君子'又叫作'百姓'，便是当时的贵族；'小人'又叫作'民'、'庶民'、'黎

---

① 《中国古代社会研究》，《郭沫若全集》历史编第 1 卷，人民出版社 1982 年版，第 123、124 页。

民'、'群黎'，实际上是当时的奴隶，他们在平时做农夫、百工，在战时就当兵、当伕。"

在《论语》一书里，"君子"一词出现多达107次；"小人"一词出现24次。这是什么身份的人物呢？弄清楚"君子""小人"的身份，他们的阶级属性，对于我们了解孔子的阶级观念和政治倾向，至关重要。

如上所述，西周、春秋时代，"君子"与"小人"的关系是贵族与奴隶的关系。至于春秋末年以后，"君子"与"小人"逐渐掺入了"有德者"与"无德者"的称谓，这只是语义的延伸，它并没有从根本上改变统治与被统治的阶级本质和阶级关系。

在《论语》里，孔子把人分为上等人和下等人两类。"生而知之者上也"；"困而不学，民斯为下矣"（《论语·季氏》）。"上"指君子、贵族、统治者，他们是"生而知之"者；"民"指奴隶，这种人遇到困惑仍不学习，所以成了被奴役的下等人。"上""下"之说，反映了孔子的政治理念和阶级偏见。

孔子还说，"唯上知与下愚不移"（《论语·阳货》）。君子是上等人，生来就有智慧——"生而知之"；下等人（"小人"）"困而不学"，所以是愚昧的。这种"上知""下愚"的社会现象，是永远不会改变的。"不移"说同样反映了孔子顽固坚持的奴隶主阶级的立场。

> 子曰："君子不可小知而可大受也，小人不可大受而可小知也。"①

意思是："君子（贵族）不可以只做小事而可以接受重大的任务；小人（奴隶）不可以委以重任而只能让他们做小事。这是

---

① 《论语·卫灵公》。

'不移'说的具体化。"

　　　子曰："民可使由之，不可使知之。"①

　　两千多年前的孔子，就已经立下了这样的训诫："民"（奴隶）只能让他们按照权势者（君子，奴隶主）的指令去做苦活；而不可以（也不必要）让他们知道权势者的本意或谋略。两千多年来，孔子的这个训诫，成了历代统治者推行愚民政策的理论依据。

　　既然"君子"（贵族、上等人）有这般权势，那么，怎样才能成为一名"君子"呢？

　　　子路问君子。子曰："修己以敬。"
　　　曰："如斯而已乎？"曰："修己以安人。"
　　　曰："如斯而已乎？"曰："修己以安百姓。修己以安百姓，尧舜其犹病诸！"②

　　这是子路问老师怎样做一名君子。孔子的回答非常明确：修炼自己的品德，严肃认真地做好本职工作。子路觉得这些要求并不难做到，又问："这样就可以了吗？"孔子回答道："君子修炼自己的品德，有助于上层人士的安定。"接着又补充道："君子修炼自己的品德，有助于老百姓的安定（即稳定了社会）。让社会稳定，这连尧、舜也都没有做到啊！"

　　孔子的这番话，是有的放矢的。须知，在新旧制度交替的春秋后期，许多新老贵族骄奢淫逸，腐化堕落，不务正业，导致社

---

　　① 《论语·泰伯》。
　　② 《论语·宪问》。

会不稳定，引发了孔子的忧虑。"安百姓"是关键词，所以孔子要发出"修己以安百姓"的警告。

第四，批判先秦儒家的折中主义。

郭沫若在《中国古代社会研究》一书中明确论断孔子是折中派。他说：

> 事实上，春秋、战国时代的学者多是一些革命家——如老子、如杨子、如庄子、如韩非子，他们的思想多少都是带着革命性的。
>
> 此外如墨子算是保守派，孔子算是折衷派。

这个论断的依据是什么呢？郭沫若说，以孔子为代表的先秦儒家是在革命与保守之间游移。"他一方面认定了辩证法的存在，然而终竟只求折中。他一方面认定理性的优越，然而却迷恋着鬼神。他一方面摄取了形而上的宇宙观，然而他立地神化了起来。"①

笔者在《孔子与〈论语〉》②一书中提出，孔子的"正名"说、"中庸"说，是封建制度的两个支配理论。折中主义便是"中庸"说在社会实践中的具体化。

何谓"中庸"？《礼记·中庸》说："舜其大智也与！舜好问而好察迩言，隐恶而扬善，执其两端，用其中于民，其斯以为舜乎！"这是称赞舜处理矛盾的方法——"执其两端，用其中于民"。

孔子很聪明，采纳了舜的这个办法处理社会纠纷、调和各种矛盾，于是在《论语》里就有了"允执其中"（《尧曰》）的"中庸之道"。

---

① 以上引文均见《中国古代社会研究》，《郭沫若全集》历史编第1卷，人民出版社1982年版，第69—70页。

② 黄侯兴：《孔子与〈论语〉》，河南文艺出版社2012年版。

子曰："不得中行而与之，必也狂狷乎！狂者进取，狷者有所不为也。"①

翻译成白话是，孔子说："（你）和不合乎中庸的人交往，一定会结交到激进的人和狷介的人。激进的人一味地向前蛮干，而狷介者却什么也不肯做。"孔子认为，这两种人都有偏颇，他主张不狂亦不狷——"中行"，也就是"允执其中"，即《中庸》里所说的，"君子而时中"，是处理人际关系最好的方法。

在《论语》的《先进》篇里，孔子和子贡有一段关于"中庸"问题的对话：

子贡问："师与商也孰贤？"
子曰："师也过，商也不及。"
曰："然则师愈与？"
子曰："过犹不及。"

师，颛孙师，即子张；卜商，即子夏。这段对话说明，孔子既不赞成过头（"过"），也不赞成赶不上（"不及"）。孔子认为，为人处世，过了头或赶不上都不好，都不利于自我的生存和发展。这里有一个把握度量界限的问题，即孔子所说的"用中""执中"，即不偏不倚、不紧不慢的"中庸"的思想路线。

"中庸"理论的提出，同春秋后期儒士所处的社会地位有着密切的关系。当时的儒士在现实生活中正处于主奴对峙的两端之间的缓冲地带。当时社会制度正处在过渡阶段的转型期，阶级矛盾异常尖锐，主奴之间时有冲突和战争，这就需要儒士们出来推行中庸之道，以调解、缓和主奴之间的矛盾与对抗。

---

① 《论语·子路》。

儒者对奴隶主说："你们爱护奴隶，不打杀奴隶，也就是爱护和保存你们的生产工具。你们不可以过激啊！"这番"中庸"的说教，实际上给奴隶主贵族指示了一个维护自己的统治权力的原则和方法。

儒者转而对众奴隶说："你们生来就是做奴隶的命，不要去做违抗天意的事，还是乐天知命的好，这样你们的子孙还可以存活下去。"这番"中庸"的说教，起到了安抚奴隶、缓解矛盾、稳定社会秩序的作用。

这套"中庸"的理论，表面看起来似乎是"无所偏倚"（朱熹语），然而它带有很大的欺骗性。实际上，孔子站在统治阶级的立场，他的"中庸"的天平是向奴隶主贵族的一端倾斜的。《礼记》的《中庸》篇有这样几句话："素隐行怪，后世有述焉，吾不弗为之矣。君子遵道而行，半途而废，吾弗能已矣。君子依乎中庸，遁世不见知者而不悔，唯圣者能之。"意思是：行为古怪的隐者虽然名传后世，孔子却不愿意成为这种人。有的君子遵循正道而行，却半途而废止步了，孔子也不赞成这种行为。孔子主张按照中庸的原则进行到底，即使不被人理解也不怨悔，这只有圣人才能做得到的啊！可见中庸之道乃圣人之道——"唯圣者能之"。

"中庸"其实并不中庸。郭沫若把它解析为"一个折中主义、改良主义、机会主义的标本"。

郭沫若用历史观照现实，对于孔子提倡的"中庸"哲学进行了深刻的批判。

儒家理论的系统，全体就是这样的一个骗局。它是封建制度的极完整的支配理论。我们中国人受它的支配两千多年，把中国的国民性差不多完全养成了一个折衷改良的机会主义的国民性。一直到现在都还有人改头换面地表彰着儒家的理想，想来革新中国的社会，有意识地执行着它的"絜矩之道"，有意识地在"执其两端用其中于民"。本来在阶级对立着的社会里，一切立在支配阶级上的理论，在每个进展的阶段上多少都是可以适用的。在每个阶段推移的时候，新旧虽然略有冲突，但到支配权转移的对象一固定，在旧的里面所发现的昔日的桎梏，会发着很庄严的辉光而成为今日的武器。所谓"昔日之事子为政，今日之事我为政"，"易地则皆然"了。昨天敌人准备下来斫我头颅的青龙偃月刀，今天我不可以利用来斫敌人的头颅吗？所以原始公社社会的犹太教，一经耶稣的改革便成为奴隶社会的信仰，再经烦琐哲学家的沟通变为封建时代的护符，三经马丁·路德的个人主义的改革便成为今日的资本社会的武器。《易经》的道理不也就是一样吗？本来是奴隶社会的中行之道，一变而为封建思想的儒家中庸，再变而现行资产阶级革命的所谓"中正主义"了。①

显而易见，这里有影射蒋介石（蒋中正）篡夺革命领导权的含义。郭沫若以上论述，说明儒家的中庸之道，对几千年的中国社会，对中国人的人生观、价值观的影响是根深蒂固的；要根除我国国民的这种劣根性，并非易事。

第五，批判儒家"三年之丧"制。

"三年之丧"是先秦儒家规定的丧葬制度。《韩非子·显学》有这样的记述：

　　墨者之葬也，冬日冬服，夏日夏服，桐棺三寸，服丧三

---

① 《中国古代社会研究》，《郭沫若全集》历史编第 1 卷，人民出版社 1982 年版，第 87 页。

月，世主以为俭而礼之。儒者破家而葬，服丧三年，大毁扶杖，世主以为孝而礼之。夫是墨子之俭，将非孔子之侈也；是孔子之孝，将非墨子之戾也。今孝戾、侈俭俱在儒、墨，而上兼礼之。

孝与戾、侈与俭，孰是孰非，对于儒墨两家对立的丧葬制度和理念，韩非子没有表示倾向性的意见。近人钱穆先生在其《国史大纲》一书中认为："儒家极重丧葬之礼，为其可以教孝、教忠、教仁。儒家认为唯有对于已死的人尽力，最可发明人类自有的孝弟忠仁之内心。墨家则站在贫民劳工经济的观点上看，觉得贵族的丧礼和葬礼，最为浪费，最属无谓。"[①]

一个持奴隶主贵族的立场，一个持贫民劳工者的立场；立场不同，就有着相反的丧葬制度和理念。

其实，对于孔子的"三年之丧"制，在当时儒家内部就有不同的声音。例如，孔子的弟子宰我就直面老师提出了不同的意见。

宰我问："三年之丧，期已久矣。君子三年不为礼，礼必坏；三年不为乐，乐必崩。旧谷既没，新谷既升，钻燧改火，期可已矣。"

子曰："食夫稻，衣夫锦，于女安乎？"

曰："安。"

"女安，则为之！夫君子之居丧，食旨不甘，闻乐不乐，居处不安，故不为也。今女安，则为之！"

宰我出。子曰："予之不仁也！子生三年，然后免于父母之怀。夫三年之丧，天下之通丧也。予亦有三年之爱于其父

---

① 《国史大纲》（修订本）上册，商务印书馆 1996 年版，第 102 页。

母乎！"①

这是师生之间一次严肃的对话。看来宰我（即宰予）是一位改革家，他认为三年之丧为期太长了。君子三年不习礼，礼仪制度就会被废弃；三年不奏乐，音乐就会失传。譬如旧谷子既吃完，新谷子也上市了；又如取火用的燧木又经历了一个轮回，所以守孝一年也就可以了。宰我主张将三年之丧改为一年之丧，这是对孔子规定的丧葬制度的严重挑战。孔子因此要骂他"不仁"。

孔子于鲁哀公十六年（公元前479年）逝世，弟子们为他行"三年之丧"礼。《史记·孔子世家》载："孔子葬鲁城北泗上，弟子皆服三年。三年之丧毕，相诀而去，则哭，各复尽哀，或复留。唯子赣庐于冢上，凡六年，然后去。弟子及鲁人往从冢而家者百有余室，因命曰孔里。"

然而，实际上，三年之丧并非"天下之通丧"，到战国时代，这种丧葬制度就已经行不通了。

《孟子·滕文公上》载，滕定公（滕文公之父）死了，滕文公让他的师傅然友去向孟子请教有关的丧礼和葬礼。孟子说："三年之丧，齐疏之服，饘粥之食，自天子达于庶人，三代共之。"孟子不仅把三年的丧礼，说成是从天子到老百姓都共同遵守的礼仪，甚至把"三年之丧"说成是夏、商、周三代执行的丧葬制度。孟子真可谓极尽夸张之能事。然友回去转达以后，滕文公竟然相信，决定实行三年之丧礼。可是却遭到父老乡亲和百官的一致反对，曰："吾宗国鲁先君莫之行，吾先君亦莫之行也；至于子之身而反之，不可。"滕国的父老百官认为，我们的宗国鲁国的历代君王没有实行过，我们滕国的历代君主也没有实行过，到你这一代却要改变，这是不可以的。

①　《论语·阳货》。

这再次说明，三年之丧并非"天下之通丧"。

四　演义历史，讽刺孔孟

郭沫若创作历史小品，始于 1923 年，首篇《鹓雏》（后改名《漆园吏游梁》），其次《函谷关》（后改名《柱下史入关》）；这两篇是讥刺庄子和老子的。1925 年创作《马克斯进文庙》，说马克思主义与孔子的"王道"不谋而合。1935 年连续发表了《孔夫子吃饭》《孟夫子出妻》《秦始皇将死》三篇小品。1936 年连续发表了《楚霸王自杀》《齐勇士比武》《司马迁发愤》《贾长沙痛哭》四篇小品。

历史小品合集《豕蹄》，最初收小品六篇，由上海不二书店于 1936 年 10 月出版。今沿用《豕蹄》的集名，收历史小品十篇，编入《郭沫若全集》文学编第十卷。

我们先从郭沫若创作历史小品的动机说起。

1936 年 1 月，鲁迅出版了历史小说集《故事新编》；同年 10 月，郭沫若出版了历史小说（亦称历史小品）集《豕蹄》。鲁迅作品的篇名都是两个字，如《补天》《理水》等；郭沫若作品的篇名都是五个字，如《漆园吏游梁》《柱下史入关》等。这似乎是郭沫若有意追随鲁迅，或有意与鲁迅比肩。

鲁迅在谈到自己的创作动机时说："叙事有时也有一点旧书上的根据，有时却不过信口开河。而且因为自己的对于古人，不及对于今人的诚敬，所以仍不免时有油滑之处……不过并没有将古人写得更死，却也许暂时还有存在的余地罢。"[1]

郭沫若的创作动机稍有不同。他说：

---

[1]《故事新编·序言》，《鲁迅全集》第 2 卷，人民文学出版社 1981 年版，第 342 页。

　　这儿所收的几篇说不上典型的创作，只是被火迫出来的"速写"，目的注重在史料的解释和对于现世的讽喻，努力是很不够的。我自己本来是有点历史癖和考证癖的人，在这个集子之前我也做过一些以史事为题材的东西，但我相信聪明的读者，他会知道我始终是站在现实的立场的。我是利用我的一点科学知识对于历史的故事作了新的解释或翻案。我应该说是写实主义者。①

　　比之鲁迅，郭沫若的创作动机，是更加注重"对于现世的讽喻"，即更加注重发挥"借古讽今""古为今用"的作用。郭沫若甚至说："事实上讽喻的性质本是先欲制今而后借鉴于古的。"②

　　更重要的是，20世纪30年代中期在中国出现一股"尊孔读经"的逆流，激发了郭沫若要写出讥刺孔、孟的历史小说。

　　自汉以来，历代封建统治阶级都把孔子当作"圣人"加以顶礼膜拜。到清代顺治二年（公元1645年）已经加谥孔子为"大咸至圣文宣先师"，把他抬到吓人的高度。1934年2月，蒋介石在江西南昌发表题为《新生活运动要义》的演讲，这是为配合当时对中国共产党进行的军事"围剿"而开展的文化"围剿"，以强化其专制统治。其中提出要以"四维""八德"为全国的道德准绳，同时提倡尊孔读经、保存文言、重修孔庙，并定孔丘诞辰为"国定纪念日"。自此，全国出现了一股尊孔读经的复古的逆流。

　　为了揭露国民党当局鼓吹的"读经救国"的骗局，正在亡命日本的郭沫若，发表了题为《历史和历史》（署名"谷人"）的杂文，曲折地抨击了蒋介石一伙大讲"历史"的险恶用心，指出：

---

　　① 《从典型说起——〈豕蹄〉的序文》，该文见《郭沫若全集》文学编第16卷，人民文学出版社1989年版，第196—198页。

　　② 同上。

"凡是一种流行总有它的历史，这'历史'之所以流行，也正有它的历史。"蒋介石集团的历史观是"不动的，固定的，绝对的，自几千年几万年来，就是这样。这是应该用全力来维系的，要维系到几千年几万年之后都永远这样"①。蒋介石在此时抬出孔子，当然不是为了研究历史，他只是为维系其权势而有意把孔子当作救国的护符。

郭沫若还说："譬如孔子吧，孔子是'道贯古今'的大圣人，这个观念已经比任何铜像、铁像都还要坚固。然而想到孔子也还是人，过分的庄严化觉得是有点违背真实。"②

遥想两千六百年前，孔子为了实践他的复古从周的政治主张，带领几个弟子，奔走在山东、河南一些地方的崎岖的土路上，是颇辛苦的。然而处在社会大变革的时代，孔子周游列国，四处碰壁。如在宋国与弟子们习周礼的时候，险些遭宋国司马桓魋的杀害；郑国百姓则把疲于奔走的孔子说成是"累累若丧家之狗"，而孔子竟"然哉！然哉！"欣然接受。

这里介绍一下关于孔子在陈、蔡之间饿肚子的故事。《史记·孔子世家》有一段记述：

> 孔子迁于蔡三岁，吴伐陈，楚救陈，军于城父。闻孔子在陈、蔡之间，楚使人聘孔子。孔子将往拜礼，陈、蔡大夫谋曰："孔子贤者，所刺讥皆中诸侯之疾。今者久留陈、蔡之间，诸大夫所设行皆非仲尼之意。今楚，大国也，来聘孔子。孔子用于楚，则陈、蔡用事大夫危矣！"于是乃相与发徒役围孔子于野。不得行，绝粮。从者病，莫能兴。孔子讲诵弦歌

---

① 《历史和历史》，《太白》月刊第 1 卷第 6 期，1934 年 12 月 5 日。
② 《从典型说起——〈豕蹄〉的序文》，《郭沫若全集》文学编第 16 卷，人民文学出版社 1989 年版，第 197 页。

不衰。子路愠见曰："君子亦有穷乎?"子曰:"君子固穷,小人穷斯滥矣。"

孔子被困于陈、蔡之间,是因为他要去为楚国效力,威胁到了陈、蔡两国,所以遭到围困,并因此绝粮挨饿。

《孔夫子吃饭》讲的就是这段绝粮挨饿的故事。这篇作品取材于《吕氏春秋》的《审分览》《任数》篇,描述了孔子及其门徒在陈绝粮七天,饿得不能动弹,颜回趁孔子睡觉时,走出林子,到农舍去向农民讨回一些栗子,煮给孔子和弟兄们吃。郭沫若所塑造的孔子的形象,是一个平常人的形象,而不是什么"圣人"。孔子因为肚子饿了,无论是其他弟子偷来的香瓜,还是颜回讨回煮熟的栗饭,他照样要吃;而且弟子们嫌讨回的米太少,稀饭不够吃,孔子心中也同样为此"焦愁"。郭沫若在小品中没有将孔子"庄严化"。

而且,郭沫若不止于此。他的本意是要揭露孔子为维护自己的"领袖"的尊严,所表现出来的自私、虚伪、狡诈的本质。孔子明明从内心里佩服颜回去讨粮的勇气和本事,可是却说:"我不是早就说过吗?我是有天老爷看承的呀!"明明是想斥责颜回先偷吃米饭,却要耍花招叫颜回替他先祭先父,存心来考验颜回,后来知道错怪了颜回,受到了"良心上的苛责",但同时又本能地安慰自己:"我的领袖的尊严,并没有受伤。"

在郭沫若笔下,孔子就是这样一个品格极坏而领袖意识又相当强烈的卑鄙小人。郭沫若如此勾勒孔子的性格特征,既对《吕氏春秋》所载的历史故事做了新的解释,同时又有讽喻现世的用意。他说:"孔子是领袖意识相当旺盛的人,拿现在一些领袖意识旺盛的人来对照一下,像现在这种程度的'雄猜',原是家常饭事。"[①] 作

①《从典型说起——〈豕蹄〉的序文》,《郭沫若全集》文学编第16卷,人民文学出版社1989年版,第198页。

者用孔子来影射当时专制独裁的蒋介石，是显而易见的。他要借历史小品去揭露那些"做着吗啡强制贩卖的吸血鬼的跳梁"文伎，让人们看清楚蒋介石"贴上礼义廉耻和新生活的商标而把民众的血液做商品的北京猿人的横行阔步"①。

虽说是讽喻现世，但它的历史批判的精神，应该说是郭沫若在《中国古代社会研究》一书中对先秦儒家思想文化批判的延续，只不过它借用了文学的形式罢了。

郭沫若的这种历史批判的精神，同样反映在历史小品《孟夫子出妻》中，它同《孔夫子吃饭》堪称姊妹篇。

孟子被历代学者认为是孔子思想学说的继承者，对秦汉以后的儒家学说影响很大，因此有"孔孟之道"之说，封建士大夫阶级也把孟子谥为"亚圣"。

关于孟子出妻的事，史书记载不一。郭沫若根据《荀子·解蔽》中的一句话——"孟子恶败而出妻，可谓能自强矣，未及思也"，加以合理的想象和虚构而演绎成篇。

郭沫若笔下的孟子，不是什么"圣人之徒"，而是一个普普通通的人，而且是一个很滑稽的人。

　　……

　　孟夫子一清早起来，光着膀子，在园子里练气功——养他的"浩然之气"。

　　他两手按着肚皮，像雄鸡要啼鸣的一样，伸长脖子向后仰，仰望着天，闭嘴用鼻孔纳气，略有五秒钟，用口吐出，脖子还原。如此不停地一吐一纳。

　　在孟夫子纳气即深呼吸的时候，他那瘦削的胸廓从凹陷

---

① 郭沫若：《我的母国——作为日本文学课题》，上海《文学丛报》第 4 期，1936年 7 月。

下的肚皮上挺出，一条条肋骨可以数得清清楚楚。

在做深呼吸的时候，孟夫子的头脑总是昏蒙蒙的，眼也发干，鼻也发燥。他深呼吸的目的，是想保存那清凉的"夜气"，可是在他身上却弥漫着一团躁气。他四肢无力，特别是十个指头，像有微温的热水在鼓胀着一样。这原因，他自己是明白的。

孟夫子听见桑树上的蝉鸣，不由得叹了一口气："啊，我的精神如能像蝉的声音那样清冽而玲珑，该多好啊！……"

就在孟夫子叹息的时候，孟夫人轻声地叫了："先生，饭已经弄好了，请先生上来吃早饭啦！"

孟夫人年纪正当三十，她和孟夫子恰恰成了一个极端的对照：她就像夏天的清晨一样，丰满而新鲜。她上身穿着白色的葛衣，下身穿着绿色的布裙，打扮得有点像当今的朝鲜少妇。

孟夫人打着赤足，捧着一个大盘子，来到靠近园子的廊沿上，请孟夫子上来吃饭。

孟夫子颇不高兴地回头看了她一眼，蹙着额，点了点头，不作声，拖着无力的脚，上了正房。

他先进侧室穿上衣服，再回到正房的正中处，席地而坐。

孟夫人又从厨房里端来饭甑。

孟夫子正襟危坐，孟夫人跪着替他盛饭，把饭放在木盘里，举案齐眉，埋着头，双手高高地把木盘捧过去。

菜肴比较简单，一杯鱼羹，一碟薑片，一盘凉拌的绿豆芽，这是孟夫人精心做出的洁白潇洒的菜。

孟夫子吃饭却显得很矜持，他的视线从饭碗到食案（菜盘子），从食案到饭碗，直来直去；在身旁跪着的夫人，他竟连在眼角上也不挂一下。这就是"目不斜视"啦。

难道孟夫人失德，做了什么对不起丈夫的事吗？难道孟夫子是一个迂腐子，或者是一个性冷变态者吗？

都不是。

昨夜在铺席上，孟夫子搂抱着夫人的时候，那种爱恋、贪馋的模样，不就像吃了甜瓜一样的香甜、舒服吗？不就是连夫人唇边那浆液的一滴都要加以爱惜吗？

然而，就因为有昨晚那甜美的接触、爱抚，故尔有现在的矜持、矫作。这真是一种可笑的矛盾现象。

孟子立志要成为"圣贤"，他自命为"孔子的嫡传"。孟子说："我亦欲正人心，息邪说，距诐行，放淫辞，以承三圣者，岂好辩哉？予不得已也。能言距杨墨者，圣人之徒也。"（《孟子·滕文公下》）

然而，一心想当"圣人之徒"的孟子，却又摆脱不掉女色。怎么办呢？孟子说："鱼，我所欲也；熊掌，我所欲也。二者不可得兼，舍鱼而取熊掌也。"（《孟子·告子上》）鱼，喻女色；熊掌，喻圣贤。孟子很贪婪，这两样东西他都想得到；在不能得兼的时候，他舍去女色而要成"圣人之徒"。

"舍鱼"的办法便是"律己"，做到"不动心""存夜气"。但这是很难做到的。一到夜间躺在铺席上，他就抵挡不住身旁夫人的女性魅力，何况夫人是那样貌美、丰满而富有性感。于是第二天清晨又表演了上引的那滑稽可笑的一幕。

孟子一心要步孔子的后尘，孔子把妻"出"了，他也要效仿着出妻。他跪拜在孔子像前祷告：

孔夫子哟，孔夫子哟！你提挈我，你提挈我！我一定要做你的弟子。我知道，你是把夫人出了的，你的儿子也是把夫人出了的，你的儿子的儿子也是把夫人出了的，我是孔子的嫡传，这一层我无论怎样要学到。你请保佑我，给我以力量，使我今天就得以和我的夫人断绝关系，使我得以成为圣人之徒。

然而故作矜持的孟子，却不管怎样养他的"浩然之气"，都无法摆脱女色的诱惑，他的貌美、新鲜而丰满的妻子，和怡、柔软、流线、生动……常常给孟子以重压，使他动弹不得。在夫人身旁，特别是夜晚，他不能不动心。于是"他心目中的孔子便要来苛责他"。

孟子很苦恼，长叹息一番。孟夫人为了成全他成为"圣贤"，立意出走。孟子却赶到厨房去给她下跪求饶："师母，你不要走，好么？我刚才的话是不足数的。"

为什么呢？因为孟子实在离不开她——就在夫人离开厨房的片刻，孟子还"把壁上挂着的孟夫人的一件下厨的围腰取了下来，捧到鼻端，尽力地嗅，感受着怎么也说不出来的一种憧憬"。可是孟子一走出厨房，便又酝酿着去齐梁诸国宣传教义的计划。历史小品把孟子这个道貌岸然的伪君子的丑恶嘴脸，刻画得入木三分。

以上两篇历史小品，亵渎了我国古代两位大"圣贤"。然而郭沫若的历史批判是掌握适度的，他没有因此否定孔、孟等先秦儒家的思想学说及其对我国历史文化的贡献。他只不过是把孔、孟当作普通的并且同样存在着品质上的缺点的人看待，而采用文学的形式，大胆地除去了长期以来权势者们罩在孔、孟头上的"圣贤"的光环，透过一些生活片段的描述，揭示了这两位"圣贤"的本来面目。这种艺术的真实，同样是符合历史的真实的。

第三章 《十批判书》与重申尊孔

一 自我批判与古史分期

1927 年冬，郭沫若因发表《请看今日之蒋介石》等文，遭到国民党当局的通缉，于是携家眷亡命日本。至 1937 年卢沟桥事变抗日战争全面爆发归国请缨。这是郭沫若在日本的第二个十年。

在第二个十年里，作为"政治要人"的郭沫若，在日本便衣警察和宪兵的监视下，主要从事中国古代历史与古文字学的研究，而且取得了辉煌的成就。

1930 年出版的《中国古代社会研究》，是郭沫若第一部重要的史学著作。该书在 1947 年再版的时候，郭沫若在《后记》中自认，"这在我自己是一部划时期的作品，在中国的史学界似乎发生过相当大的影响"。

但是，在《中国古代社会研究》的初版本中，郭沫若把殷代算作是原始社会的末期，而奴隶制社会起自西周；奴隶制的下限定为西周。

郭沫若的第二部史学著作《十批判书》，于 1945 年由重庆群益出版社出版。该书在开篇《古代研究的自我批判》一文中，提到 1930 年出版的《中国古代社会研究》一书，"太草率，太性急了。其中有好些未成熟的或甚至错误的判断，一直到现在还留下

郭沫若、于立群 1938 年在武汉

相当深刻的影响"。

作者进行了哪些自我批判呢？

第一是关于文献的处理。如《周易》，过去认为是"殷末周初的作品"，但根据作者后来一段时间的研究，才知道它是战国初年的书。又如《诗经》三百篇的时代性问题，其中只有极小部分的诗可以确定年代，绝大多数是渺茫的。传世的《毛诗》说，"差不多全不可靠"，例如，《七月流火》一诗，《毛诗》认为是"周公陈王业"。研究古诗的人，包括郭沫若在内，都相沿为说；郭沫若后来才知道，"它实在是春秋后半叶的作品"。

第二是关于卜辞的处理。如对待王国维的《殷周制度论》一书。郭沫若检讨说："我自己要承认我的冒昧，一开始便把路引错了。第一我们要知道，《殷周制度论》的价值已经不能够被这样过高估计了。"这是为什么呢？"王氏所据的史料，属于殷代的虽然有新的发现而并未到家，而关于周代的看法则完全是根据'周公制作之本意'的那种旧式的观念。这样，在基本上便是大有问题的。周公制礼作乐的说法，强半是东周儒者的托古改制，这在目

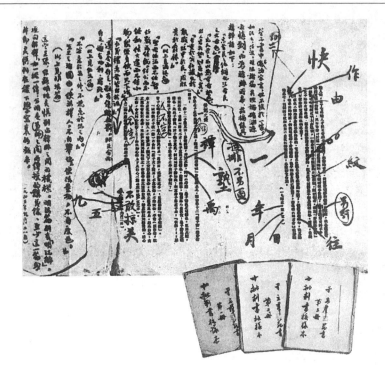

《十批判书》（1945 年初版本的书影及校样稿）

前已成为定论了。以这样从基本上便错误了的论文，而我们根据它，至少我们可以说把历史中饱了五百年，这是应该严密清算的。"

　　第三是关于殷周青铜器的处理。数量相当多的殷周青铜器，"出土地多不明白，亘殷周两代千有余年，各器的时代相当浑沌……"郭沫若举了罗振玉的《殷文存》一书为例，说该书"主要根据'以日为名'而搜集的七百种以上的器皿，差不多全盘靠不住。我说'差不多'，因为那里面有些确是殷器。据我们现有的知识，凡疑似殷器中可确切断定为殷器的还不上一打。因此，我在前无条件地把《殷文存》作为研究殷代的资料而使用，近来还有不少的朋友以讹传讹，我是要承认我的冒昧的。"

　　第四是关于古器物中所见的殷周关系的问题。郭沫若认为，

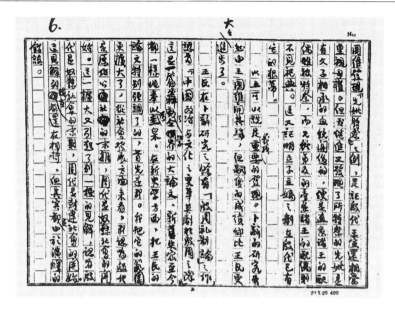

《古代研究的自我批判》手稿

"殷末在帝乙、帝辛两代，曾长期和东南夷发生战争"。因此，导致殷代灭亡的主要原因，"并不是因为殷纣王（帝辛）怎样暴虐，失掉了民心"。"只有三千奴隶的小奴隶主周人，结果把有亿兆奴隶的大奴隶主殷人打败了。殷人之所以致败，主要是在帝乙、帝辛经略东南夷的征战上流血过多；其次大约殷人好酒，生活腐化，也是一个重要的原因吧。"

此外，郭沫若在研究殷代、西周的生产情况的基础上，还做过这样的自我批判："在这儿，可容许我们考虑到的便是殷、周两代曾经实行过井田制。这个问题，在前被人否定过，也被我自己否定过的；现在我却要肯定它，而且认为这是解决殷、周社会组织的一个极重要的关键了。我也算经过了十五年的探讨而来，绝不是一时的心血来潮，为了要自圆其说，而任意的翻云覆雨。"

郭沫若还作过以下的自我批判：

其一，"我从前发表《中国古代社会研究》的时候，殷墟才刚开始地面试掘，方法是很成问题的，我曾因试掘者董作宾的

《新获卜辞写本》后记里面，于'同时出产之副产物'中有一个'鐡'字，表示过极大的惊异。这经后来的科学的发掘证明，是从被窜乱了的表层里面所拾得的后代窜入物而已。"

其二，"但比这更草率的，我竟据《诗经·公刘篇》的'取厉取锻'一语，而解释为周初已发现铁，作为周人的生产力已经超过了殷人的根源。这所犯的错误相当严重。《公刘篇》绝不是周初的诗，锻字的初文即是段字，有矿石，石灰石以及椎冶的含义，并没有铁矿的意思。我以前根据郑玄'石所以为锻质'的解释认为铁矿，那完全是牵强附会。"

以上的自我批判，郭沫若究竟想要说明什么呢？

郭沫若说到春秋、战国时期以大夫和陪臣所代表的新势力同国家公室所代表的旧势力斗争时说："像这样私室与公室之争，争取人民，在春秋、战国年代差不多是每一个国家所共通的现象，一直到秦始皇与吕不韦的斗争为止，才逐渐地走下了历史舞台。这儿正表明着一个社会变革的关键，人民就是在这样的契机下从奴隶的羁绊解放出来的。"

应该指出，郭沫若在1930年出版的《中国古代社会研究》一书中，把奴隶制的下限定在西周。现在他通过一系列的自我批判，把奴隶制的下限向后推到春秋、战国时代，一直到秦统一中国之前。

这不单纯是古史分期的变动。郭沫若这样做，是要修正他在十多年前的《中国古代社会研究》一书对于孔子的质疑，而要重申他的尊孔的立场了。

二　孔墨批判与孔子支持乱党

在《十批判书》的《孔墨的批判》一文里，郭沫若是把孔子与墨子放在一起加以比较和审视的。

郭沫若承认，孔子与墨子"在各自的门户内是充分被人圣化了的"。正是这个原因，"因此，我们如未能探求得他们的基本立场之前，所有关于他们的传说或者著作，我们都不好轻率的相信。那么又从什么资料上来探求他们的基本立场呢？很可幸的是他们的态度差不多完全相反，我们最好从反对派所传的故事与批判中去看出他们相互间的关系。反对派所传的材料，毫无疑问不会有溢美之词，即使有诬蔑溢恶的地方，而在明显相互间的关系上是断然正确的，因此我采取了这一条路，从反对派的镜子里去找寻被反对者的真影"。这种研究方法，即从反对派的批评中去"找寻被反对者的真影"，而不是从被反对者自身的事迹或著述去考察他们的基本立场，是否科学的、可信的，还有待于讨论。

郭沫若援引了《墨子·非儒》中的三个故事。

第一个故事是齐景公向晏婴询问了孔子的为人如何。晏婴说："婴不肖，不足以知贤人。虽然，婴闻贤人者入人之国，必务合其君臣之亲，而弭其上下之怨。孔丘之荆，知白公之谋而奉之以石乞，君身几灭而白公僇。婴闻贤人得上不虚，得下不危；言听于君必利于人，教行于下必利上。是以言明而易知也，行明而易从也；行义可明乎民，谋虑可通乎君臣。今孔丘深虑周谋以奉贼，劳思尽知以行邪，劝下乱上，教臣杀君，非贤人之行也……"郭沫若知道这个故事的史实有问题，知道这是墨子的"诬罔之辞"，但仍坚持用来证明孔子的政治立场。郭沫若说："因为我从这儿可以看出：墨子是赞成'入人之国，必务合其君臣之亲，而弭其上下之怨'的，孔子呢，则和这相反，'劝下乱上，教臣杀君'。更说质实一点吧，便是墨子是反对乱党，而孔子是有点帮助乱党的嫌疑的。这是极有趣味的一个对照。"

值得注意的是，在《论语·颜渊》里也有齐景公问政于孔子的材料，郭沫若为什么避而不用呢？

> 齐景公问政于孔子。孔子曰："君君，臣臣，父父，子子。"
>
> 公曰："善哉！信如君不君，臣不臣，父不父，子不子，虽有粟，吾得而食诸？"①

孔子的意思是，在等级森严的现实社会里，君臣父子必须各就其位，各谋其职，不得僭越，不得篡位。孔子讲这番话，是在许多国家已经发生了卿大夫窃取国家的权位，"陪臣执国政"以后。孔子企图用"正名"的政治主张，去阻止正在发生的惨烈的社会变革。这同郭沫若引《墨子·非儒》的孔子"劝下乱上，教臣杀君"的意思截然相反。那么，我们应该相信哪一说呢？当然是《论语》的记述。

第二个故事仍然是有关齐景公与孔子的关系的事。我们不妨把郭沫若援引《非儒》的史料再引一遍。

> 孔丘之齐，见景公。景公悦，欲封之以尼谿，以告晏子。
>
> 晏子曰："不可。夫儒浩居（傲倨）而自顺者也，不可以教下；好乐（音乐）而淫人，不可使亲治；立命而怠事，不可使守职宗；宗（崇）丧循哀，不可使慈民；机服勉容，不可使导众。孔丘盛容修饰以蛊世，弦歌鼓舞以聚徒，繁登降之礼以示仪，务趋翔之节以观众，博学不可使议世，劳思不可以补民；累寿不能尽其学，当年不能行其礼，积财不能赡其乐。繁饰邪术以荧世君，盛为声乐以淫愚民；其道不可以期世，其学不可以导众。今君封之，以利齐俗，非所以导国先众。"
>
> 公曰："善。"

---

① 《论语·颜渊》。

于是厚其礼，留其封，敬见而不问其道。

孔丘乃恚怒于景公与晏子，乃树鸱夷子皮于田常之门，告南郭惠子以所欲为，归于鲁。有顷闻齐将伐鲁，告子贡曰："赐乎！举大事于今之时矣。"乃遣子贡之齐因南郭惠子以见田常，劝之伐吴，以教高、国、鲍、晏，使毋得害田常之乱；劝越伐吴，三年之内齐、吴破国之难，伏尸以亿术数。孔丘之谋也。

首先，值得我们注意的是，引文开头的问题，即孔子到齐国见齐景公，齐景公为什么会"悦"？又为什么要封孔子以尼谿？《非儒》没有交代，但在《论语·颜渊》里却有翔实的说明。这是因为齐景公问政于孔子，孔子向齐景公提供了"君君，臣臣，父父，子子"的治国方略，他因此而"悦"，并因此要封孔子以尼谿。其次，封孔子事，齐景公为什么要向晏婴报告呢？原来作为宰相的晏婴，此时已是"陪臣执国政"，国君已经没有什么权势了，所以在听了晏婴长篇议论以后，齐景公说"善"，就不再向孔子问"道"了。《史记·管晏列传》对晏婴的为人有这样的记述："其在朝，君语及之，即危言；语不及，即危行。国有道，即顺命；无道，即衡命。以此三世（即齐灵公、庄公、景公——引者）显名于诸侯。"可见晏婴是很专横而且握有实权的。但是郭沫若对以上这些事都略而不谈，而把引文的前半段，即晏婴对孔子及其学说的批判，说成"当然也是在做小说"。

郭沫若所重视的是引文的后半段，即孔子帮助田成子的事，他认为这"近乎事实"，因为《庄子·盗跖》里也有类似的记载，"田成子常杀君窃国而孔子受币"。

当然，郭沫若同时也注意到了一条相反的材料：

陈成子弑简公。孔子沐浴而朝，告于哀公曰："陈恒弑其君，请讨之。"

公曰："告夫三子。"

孔子曰："以吾从大夫之后，不敢不告也。君曰'告夫三子'者。"

之三子告，不可。

孔子曰："以吾从大夫之后，不敢不告也。"①

对于《论语》里的这条材料，郭沫若是怎样看待的呢？

郭沫若说："这纯全是忠于主上，而反对乱贼的立场。但我们如要做一个公平的批判人，就宁肯相信《墨子》和《庄子》，而不肯相信一些孔门后学的。因为'三点从二'，我们当从多数，这是一。凡是扶助或同情乱党的人，他的子孙后进是谁也要替他掩盖掩盖的，这是二。"

"三点从二"，用少数服从多数的行政手段来处理史料的鉴别，显然是不科学的。至于后代子孙是不是一定要掩盖前辈所做的事，也不可一概而论。其实《论语》不乏对孔子的批评与讥讽，并非都是"掩盖"。如：

在陈绝粮，从者病，莫能兴。子路愠见曰："君子亦有穷乎？"子曰："君子固穷，小人穷斯滥矣。"（《论语·卫灵公》）

其一，子路"愠见"，很生气地去见孔子；其二，"君子固穷"云云。这些不都是对孔子的批评与讥讽吗？

又如孔子遭匡城民众围禁时的窘相，在《论语·子罕》里有如下记述：

---

① 《论语·宪问》。

子畏于匡，曰：“文王既没，文不在兹乎？天之将丧斯文也，后死者不得与于斯文也；天之未丧斯文也，匡人其如予何？”

孔子被匡城民众围禁，竟求救于“天”了，说如果上天还要保留周代的文化，匡人又能把我怎样呢？言外之意，他是周文化的传承者。然而孔子神经过敏了，遭围禁是一个误会。原来鲁国的阳货曾对匡城民众进行掠夺和屠杀，匡人误把孔子当阳货抓了起来，待弄清真相以后，便把孔子释放了。

这个故事说明，《论语》没有“掩盖”孔子的窘相，相反把他的丑态写得入木三分。

郭沫若说孔子的门徒在《论语》里有替孔子“掩盖”之嫌，那么，我们不禁要反问：墨家、道家的门徒，在《墨子》《庄子》的著作里，是不是也有“诬罔”之嫌呢？郭沫若只说孔门后代在《论语》里“掩盖”了真相，而不怀疑墨、庄的门徒，很明显的是有偏颇的。

第三个故事是说孔子帮助鲁国的季孙氏逃命的事。“孔丘为鲁司寇，舍（捨）公家而奉季孙。季孙相鲁君而走，季孙与邑人争门关，决植。”（《非儒》）郭沫若因此解释道：“相传‘孔子之劲举国门之关而不肯以力闻’（《吕氏春秋·慎大》），‘决植’大约就是当季孙逃走时，城门掩上了，逃不出，而孔子替他把城门挺开了。这位千斤大力士，照墨子看来是心术不正，所以他的弟子们也就照着他学，到处捣乱。”

这里需要辩解的是，孔子是否“奉季孙”？我们在《论语·阳货》里找到了一条完全相反的材料。

阳货欲见孔子，孔子不见，归孔子豚。

孔子时其亡也，而拜之。

遇诸涂。

谓孔子曰：“来！予与尔言。”曰：“怀其宝而迷其邦，可谓仁乎？”曰：“不可。——好从事而亟失时，可谓知乎？”曰：“不可。——日月逝矣，岁不我与。”

孔子曰：“诺：吾将仕矣。”

翻译成白话是，阳货想要孔子来拜见他，孔子不去见。阳货便派人往孔子家送去一只煮熟的乳猪。孔子探听阳货不在家时去登门答谢。不料两人在途中相遇了。阳货很不客气地对孔子说道："你过来！我有话要对你说。"阳货接着说："自己有一身本领，却听任国家如此混乱，这种人可称作仁义吗？"不等孔子回话，阳货接着说："不可以。有人喜欢做官，却屡屡错过机会，这种人称得上聪明吗？"仍然不等孔子回话，阳货继续自问自答："称不上。可惜呀，时光一去就不会再回来啊！"孔子这才说："好吧，我准备做官去。"

阳货何许人？阳货是季氏家族的家臣。季氏几代以来把持着鲁国的政治，而此时阳货正把持着季氏的权柄。因为鲁国政局不稳定，他要劝说孔子出来谋职，帮助季氏稳定局势。孔子虽然答应出仕，但在"陪臣执国政"的形势下，孔子并没有为季氏家族效力。

这段史料与《非儒》所记述的孔子帮助季孙氏逃命一事截然相反，真可谓南辕北辙。然而郭沫若宁肯相信《墨子》，为他的"孔子支持乱党"取证，而不肯相信《论语》，不肯相信孔子反对乱党的史实。

关于孔子周游列国而四处碰壁的事，尽管包括《论语》《史记》等史书都有记载，但在史学研究领域，至 20 世纪 40 年代，似乎还是一片混沌状态。例如，郭沫若也承认了这一史实，却有着自己不同的解说。请看《孔墨的批判》的一段论述：

> 自汉武帝崇儒术黜百家以来，孔子虽然处于至高无上的地位，但在他的生前其实是并不得意的。《庄子·让王篇》说他"再逐于鲁，削迹于卫，伐树于宋，穷于商、周，围于陈、蔡，杀夫子者无罪，藉夫子者无禁"。《吕览·慎人篇》亦有此说，注云"藉犹辱也"。足见孔子在当时，至少有一个时期，任何人都可以杀他，任何人都可以侮辱他。这和亡命的暴徒有何区别呢！因此，我们要说孔子的立场是顺乎时代的潮流，同情人民解放的，而墨子则和他相反。这在孔门后学或许会喊冤屈，而在墨家后学是应该没有什么话好说的。

对于这一史实，郭沫若基于尊孔的立场，把孔子比喻成"亡命的暴徒"，称赞孔子是"顺乎时代的潮流"的人物。但是这些溢美之词，同当时每一事件的真相都是相悖的。

孔子周游列国，不是充当"亡命的暴徒"，他的指导思想是要宣传和实践他的具有复古倾向的政治主张以及不合时宜的人生哲理。然而到了春秋后期，随着农业生产的发展、铁器的广泛使用、奴隶不断获得解放，历史已渐次地由奴隶制社会向封建社会演进，以孔子为代表的儒家想挽狂澜于既倒，逆时代的潮流而动，是不可能的。所以孔子四处游说的失败，乃是历史的必然。

关于"再逐于鲁"。

> 子曰："道不行，乘桴浮于海。从我者，其由与？"子路闻之喜。
> 子曰："由也好勇过我，无所取材。"①

---

① 《论语·公冶长》。

这时鲁国的政权已经落到季氏家族的手中，孔子的政治主张行不通了（"道不行"），所以他要离开鲁国（"再逐于鲁"）而泛舟江海（"乘桴浮于海"）。在这里，孔子绝不是扮演"暴徒"的角色而亡命。

关于"削迹于卫"。

　　子言卫灵公之无道也。康子曰："夫如是，奚而不丧？"
　　孔子曰："仲叔圉治宾客，祝鲍治宗庙，王孙贾治军旅，夫如是，奚其丧？"①

孔子说到卫灵公的昏庸和卫国政局的混乱，康子问道："既然如此，为什么没有败亡呢？"孔子说："卫国的政治、祭祀、军队分别由仲叔圉、祝鲍、王孙贾所把持，怎么会败亡呢。"这意味着卫国已经由这些卿大夫们掌握着实权。

然而孔子想要帮助卫灵公扭转这种"无道"的政局，于是他去拜会南子，即"子见南子"。

　　子见南子，子路不说（悦）。夫子矢之曰："予所否者，天厌之！天厌之！"②

南子是卫灵公的夫人，她把持着当时卫国的政治，是一个实权派的女性。南子年轻貌美，在两性关系上不是很检点，所以"子见南子"一事，惹得子路很不高兴。其实这是误会。孔子知道，卫灵王是一个已经失去政治权力的国君，他拜会南子，不是

---

① 《论语·宪问》。
② 《论语·雍也》。

迷恋女色，大约是想说服南子帮着推行他的具有复古倾向的政治主张吧。看来南子并没有接受，所以只逗留一个多月，便离开卫国。"削迹于卫"，绝不是孔子鼓动南子谋反。《史记·孔子世家》说："孔子既不得用于卫，将西见赵简子。""不得用"乃是孔子离开卫国的真正原因。

关于"伐树于宋"。

《史记·孔子世家》记载如下：

> 孔子去曹适宋，与弟子习礼大树下。宋司马桓魋欲杀孔子，拔其树。孔子去。弟子曰："可以速矣。"孔子曰："天生德于予，桓魋其如予何！"

鲁哀公三年（前492），孔子离开曹国经过宋国，他和弟子们在大树下复习周礼，弦歌鼓舞。宋国司马桓魋得到消息后赶来要杀孔子。弟子们催促孔子快走，孔子骑马连忙逃跑。桓魋一怒之下，派士卒把大树砍掉了。

宋国司马（掌管军政大权的公职）桓魋为何要杀孔子，甚至气得连那棵大树都要砍伐呢？原因是孔子和弟子们在树下练习周礼，想必有许多宋国的庶民围观，即墨子所说的，"弦歌鼓舞以聚徒"。

这自然把桓魋惹怒了，因为此时宋国已是卿大夫执国政。他的"伐树"，大概是为了消除孔子在此"习礼"的恶劣影响吧！

须知，春秋后期，卿和大夫专政的局面，在许多国家已经形成。晋分三家，齐篡于田氏，鲁则三桓强于国内。此外，各国相互征伐与兼并，战争频仍，政局纷乱。在这种形势下，作为司马的桓魋，岂能容忍孔子及其弟子在宋国搞复辟活动？所以他要杀孔子，乃是情理中事。至于孔子逃离后说："上天赐给我德性，桓魋他能拿我怎样呢！"这只不过是一个复古主义者的自我解嘲罢了。

关于"围于陈、蔡"。

我们已经引了《论语·卫灵公》中记述的"在陈绝粮"的故事；《史记·孔子世家》有更详细的记述：

> 孔子迁于蔡三岁，吴伐陈，楚救陈，军于城父。闻孔子在陈、蔡之间，楚使人聘孔子。孔子将往拜礼。陈、蔡大夫谋曰："孔子贤者，所刺讥皆中诸侯之疾。今者久留陈、蔡之间，诸大夫所设行皆非仲尼之意。今楚大国也，来聘孔子。孔子用于楚，则陈、蔡用事大夫危矣。"于是乃相与发徒役围孔子于野，不得行，绝粮。从者病，莫能兴。孔子讲诵弦歌不衰。子路愠见曰："君子亦有穷乎？"孔子曰："君子固穷，小人穷则滥矣。"

《孔子世家》交代清楚了孔子及其弟子被围于陈、蔡并"绝粮"的原因，原来是执国政的陈、蔡诸大夫，担心孔子应聘到楚国会给他们造成威胁，所以"围孔子于野"。这则故事，不仅不能说明孔子支持或同情乱党，相反倒使陈、蔡的乱党贼子惶惧了。

鲁迅对孔子生前的遭遇曾经做过精辟的概述，说孔夫子"活着的时候，却是颇吃苦头的。跑来跑去，虽然曾经贵为鲁国的警察总监（即鲁国的大司宪——引者），而又立刻下野，失业了；并且为权臣所轻蔑，为野人所嘲弄，甚至于为暴民所包围，饿扁了肚子"（《且介亭杂文二集·在现代中国的孔夫子》）。

末了，孔子究竟是支持或同情乱党分子，还是坚决镇压乱党分子？《史记·孔子世家》提供了一个重要的材料。

> 定公十四年，孔子年五十六，由大司寇行摄相事，有喜色。门人曰："闻君子祸至不惧，福至不喜。"孔子曰："有

是言也。不日,'乐其以贵下人'乎?"于是诛鲁大夫乱政者少正卯。

鲁定公十四年（前496），孔子由大司寇而代理宰相职，握有大权，把鲁国大夫少正卯杀了，其罪名是"乱政者"，也就是乱党分子。这个材料再次证明，"孔子支持或同情乱党"说，是没有根据的。

三 高度称赞孔子的思想体系

郭沫若把奴隶制社会向封建社会的转变，划定在周秦之际，而春秋后期的孔子正处在这个社会大变革的时代。那么，孔子是顺乎时代潮流的改革家，还是逆历史潮流的复古者？这是我们在中国古史研究中识别尊孔派与批孔派的分水岭。

郭沫若在《十批判书·孔墨的批判》论述"孔子的思想体系"时说：

> 孔子的基本立场既是顺应着当时的社会变革的潮流的，因而他的思想和言论也就可以获得清算的标准。大体上他是站在代表人民利益的方面的，他很想积极地利用文化的力量来增进人民的幸福。对于过去的文化部分地整理接受之外，也部分地批判改造，企图建立一个新的体系以为新来的封建社会的韧带。廖季平、康有为所提倡的"托古改制"的说法，确实是道破了当时的事实。①

这是郭沫若的孔子观，认为孔子"企图建立一个新的体系"，

---

① 《郭沫若全集》历史编第2卷，人民出版社1982年版，第87页。

证明孔子思想学说的先进性与前瞻性。立论之高，反映了郭沫若这一时期尊孔的热度。

先是对"仁"的解读。郭沫若同样认为"仁"是孔子的思想体系的核心。他博引了《论语》里的九条语录，并根据自己的尊孔的理念，对于"仁"的多层含义作了具体的阐述。

关于"克己复礼为仁"。

这是孔子对他的最得意的弟子颜回的答问。郭沫若把"克己"解读为"克己而为人的一种利他的行为"。"他要人们除掉一切自私自利的心机，而养成为大众献身的牺牲精神。视听言动都要合乎礼"——"非礼勿视，非礼勿听，非礼勿言，非礼勿动"。这里的"礼"（"复礼"）又是什么意思呢？郭沫若说："礼是什么？是一个时代里所由以维持社会生活的各种规范，这是每个人应该遵守的东西。各个人要在这些规范之下，不放纵去侵犯众人，更进一步宁牺牲自己以增进众人的幸福。要这样社会才能够保持安宁而且进展。"郭沫若说了这么多，却回避了最本质的含义。所谓"礼"，其实就是周礼，就是西周时代的礼仪制度。"复"是什么意思呢？郭沫若的解释却过于简单、含糊："复者返也。"

笔者在《孔子与〈论语〉》一书中说："'复礼'即是恢复周礼，而'复礼'的先决条件是'克己'，即克制住自己的思想行为。凡是违背周礼的事，不看、不听、不说、不做。春秋后期是'礼崩乐坏'的时代，孔子要求颜回遵循'复礼'的路线去把握自己的思想行为，才可以成为有仁德的人。'一日克己复礼，天下归仁焉'。这是'仁'的最高境界，常人是难以企及的。"①

"复礼"是"仁"的核心。在孔子心目中，"仁"是一个崇高的道德境界，要想成为仁人是很难的。

---

① 黄侯兴：《孔子与〈论语〉》，河南文艺出版社2012年版，第79页。

　　子曰：　"回也，其心三月不违仁，其余则日月至焉而已矣。"①

　　像颜回这样优秀的弟子，他的心路一年也只有三个月不违背仁德；至于其他人，只是偶尔想起"仁"罢了。这也说明，在孔子时代，"复礼"是一项多么艰难的事业。

　　关于"仁者爱人"。

　　郭沫若说，"在古时候所用的'人'字并没有我们现在所用的这样广泛。'人'是人民大众，'爱人'为仁，也就是'亲亲而仁民'的'仁民'的意思了。"

　　这个解释同样略显含糊。试问："爱人"的"人"，是否包括奴隶？笔者以为是不包括的。孔子会爱那些被他认为是"下愚"的奴隶吗？

　　再说，"爱人"也不是先秦儒家独有的道德理念；老子讲的"道"，不也反映了他对"不足"者的同情吗？

　　天之道，损有餘而补不足。人之道，则不然，损不足以奉有餘。

　　孰能有餘以奉天下，唯有道者。②

　　老子认为，只有他所倡导的"道"，才有可能将"有余"奉献给天下。

　　关于"修己以敬""守己以安人""守己以安百姓"。

　　郭沫若对孔子的这个君子修身之道作了如下解释：

----

　　① 《论语·雍也》。
　　② 《老子》第七十七章。

　　"修己以敬"是"克己复礼";"以安人"是"己欲立而立人,己欲达而达人";"以安百姓"是"博施于民而能济众"。故尔他说"修己以安百姓,尧、舜其犹病诸",也和"博施于民而能济众,尧、舜其犹病诸",是一样的意思了。①

　　这条"修己以敬"的语录,见《论语·宪问》。这是子路向老师请教怎样做一名君子,即君子修身之道的事。这里,"安"是关键词,郭沫若没有解释。"安"即安定、安抚。孔子认为,君子注意修炼自己的品德,认真严肃地做好本职工作,有助于上层人士的安定,也有助于庶民的安定。

　　看来,在新旧社会交替的时代,许多新老贵族(即"君子")骄奢淫逸,腐化堕落,不务正业,引起了孔子的忧虑。孔子从保护君子的名位和利益出发,才发出"修己以敬"的警告。

　　孔子的这番忧虑,绝非空穴来风,当时的社会现实是,奴隶社会的老贵族渐趋消亡,而取代它的是封建社会的新贵族——新兴的封建地主。因此,孔子既对老贵族们发出警告,也为他们唱了挽歌:

　　　　子曰:"君子病无能焉,不病人之不己知也。"
　　　　子曰:"君子疾没世而名不称焉。"②

　　孔子感叹,那些老贵族("君子")只能责怪自己无能,而不能怨恨众人已经把他们忘掉。还有,那些老贵族直到死了,他们的名声也不被世人所称道,这是这些老贵族最可悲哀的事。

---

　　① 《十批判书·孔墨的批判》,《郭沫若全集》历史编第 2 卷,人民出版社 1982 年版,第 91 页。
　　② 《论语·卫灵公》。

孔子的感叹，暗喻着奴隶社会的老贵族们已经被时代所唾弃，被世人所遗忘。孔子希望这些老贵族快快振作起来，"修己以敬"，挽救正在颓败的时局。

然而郭沫若却持相反的意见。他说：

> 这种所谓仁道，很显然的是顺应着奴隶解放的潮流的。这也就是人的发现。每一个人要把自己当成人，也要把别人当成人，事实是先要把别人当成人，然后自己才能成为人。不管你是在上者也好，在下者也好，都是一样。①

郭沫若离开了春秋后期的社会背景，为孔子唱起了赞歌。他把孔子的"修己以敬"等修身之道，以及"己欲立以立人，己欲达以达人"等道德理念，夸大为"人的发现"，把孔子的思想和学说拔高到了极致。

关于"述而不作，信而好古"。

郭沫若认为，孔子尤其注重历史，取证的材料便是"述而不作，信而好古"。郭沫若说孔子"尤其注重的似乎就是历史，看他自己说他'述而不作，信而好古'，又说'好古敏以求之'，可见他是特别注重接受古代的遗产"。如此解释，是不符合孔子的思想实际的。

其一，何谓"述而不作"？郭沫若只说这是孔子注重历史，其实这是反映了孔子对待历史文献典籍的保守的态度——只可复述，而不可以在此基础上有新的创造。可以说，我们中华民族几千年来保守、凝滞的精神状态，盖源于孔子的"述而不作"。

其二，何谓"好古"？郭沫若认为，"好古"说明孔子"特别

---

① 《十批判书·孔墨的批判》，《郭沫若全集》历史编第 2 卷，人民出版社 1982 年版，第 91 页。

注重接受古代的遗产"。这个说法未免过于笼统。实际上，孔子所"好"的乃是西周之"古"。

孔子自己对此做过明确的叙述：

　　　　子曰："周监于二代，郁郁乎文哉，吾从周。"①

这意思是说，周代的礼仪制度，是以夏、商两代为依据而发展的，它多么丰富多彩呀！所以孔子主张遵从（传承）周代的典章制度。

孔子甚至赞美西周时代的德性。"周德，其可谓至德也。"（《论语·泰伯》）孔子把"周德"誉为"至德"——最高尚、最完美的道德标准，可见其执着的复古倾向。说穿了，"好古"就是复古。

据史书记载，历史演进到了春秋后期，西周时代的礼仪制度几乎全被废止，或被改革了。孔子对此很不满意。孔子说："拜下，礼也；今拜乎上，泰也。虽违众，吾从下。"（《论语·子罕》）意思是说，臣拜见国君，在堂下就要磕头，升堂以后再磕头，这是合乎周礼的。当今的臣僚们却免去了在堂下磕头的礼仪，只在堂上磕头，这是倨傲的表现。虽然违背众意，我仍旧主张"拜下"。这是何等顽固的复古的立场。应该说，只"拜上"而取消"拜下"，这是简化了"礼"的手续，是时代的进步，而非"倨傲"的表现。其实，孔子心里很明白，"违众"二字已经说明，他的主张是逆时代的潮流而动的，是不得人心的。试问：主张"拜下"的孔子，怎么会是"顺应着奴隶解放的时代潮流"的人物呢？

关于周公。

---

① 《论语·八佾》。

郭沫若说: "看他(孔子)一些古代的人物如尧、舜、禹、汤、文、武尤其周公, 充分地理想化了, 每每在他们的烟幕之下表现自己的主张, 即所谓'托古改制'。他之注重历史似乎也有一片苦心。"

笔者在本书第二章第三节, 对于周公的生平事迹以及郭沫若对周公的功过的评论, 已有所记述。这里需要补充的是, 郭沫若说孔子把周公等古人 "理想化", 说孔子 "托古改制" 有 "一片苦心", 这些意见是正确的。

不过, 注重历史的孔子, 应该知道, 周公东征三年期间, 杀人(殷民)如麻, 手段极为毒辣, 是一个十足的虐杀狂。孔子却并不因此对被屠戮的殷民表示同情, 反而要来美化周公。基于这一史实, 我们怎能冠以孔子 "人的发现" 者的美名呢?

然而, 历史是无情的。孔子只能面对现实哀叹。

子曰: "甚矣, 吾衰也! 久矣, 吾不复梦见周公!"①

曾几何时, 孔子很自负地说: "如有用我者, 吾其为东周乎!"(《论语·阳货》)这是公山弗扰盘踞在费邑图谋造反, 召见孔子。子路不悦。于是孔子说: "如果有人用我, 我会把周文王、周武王之道在东周复兴!" 孔子对再现西周文、武之业, 充满着自信。但是如今孔子却哀叹自己已经非常衰老, 哀叹自己很久没有再梦见周公了。孔子 "不复梦见周公" 是历史的必然, 因为周公的时代已经一去不复返了。

关于 "樊迟学稼"。

郭沫若在议论先秦时期 "士" 的属性的时候, 提到 "樊迟学稼" 的事, 也提到孔子背后骂樊迟是 "小人", 并援引了以下一

① 《论语·述而》。

段孔子的话："上好礼则民莫敢不敬，上好义则民莫敢不服，上好信则民莫敢不用情。夫如是则四方之民襁负其子而至矣。焉用稼？"（《论语·子路》）郭沫若得出的结论是："问题没有答出，却来这么一套不相干的政治理论，显然樊迟的问是逸出了士学的范围的了。"

说"不相干"是不对的。孔子这番话，揭示了"上"（奴隶主、贵族、官吏、士）与"民"（奴隶、平民）的阶级关系。"上"只要做到礼、义、信，四方之"民"就会"襁负其子而至"，替"上"种庄稼、种瓜菜。孔子是站在"上"的立场教训樊迟的。而"焉用稼"则深刻地反映了包括孔子在内的不劳而获者（"上"）的寄生哲学。

关于"上智下愚不移"。

　　子曰："唯上智与下愚不移。"①

郭沫若对此的解释是："不移的下愚，我们能够承认其存在，如早发性痴呆症，那的确是没有办法的。生而知之的上智，却完全是莫须有的幻想。"

什么是"上智""下愚"？郭沫若的诠释未必妥当。在《论语》里，孔子喜欢把人分为上等人与下等人两类。"生而知之者上也"，"困而不学，民斯为下矣"（《论语·季氏》）。"上"指君子、贵族、上层统治者，他们是"生而知之者"。"民"指奴隶、平民，他们遇到困惑仍然不学习，所以成了被奴役的下等人。

所谓"上智"，就是生来就有智慧、有天赋，这种人自幼受家庭、环境的教育和影响，比庶民百姓之子要聪明些，这是存在的事实，绝不是孔子的"幻想"。至于"下愚"，显然不是指那些有

---

① 《论语·阳货》。

生理疾病或生理缺陷的人，而是指生理功能正常的庶民，他们终日劳作，没有条件学习，"因而不学"，所以愚昧。而这种"上智""下愚"的社会现象是永远不会改变的。"不移"说反映了孔子所坚持的奴隶主阶级的立场。遗憾的是，对于孔子的这些思想和言论，郭沫若似乎忽略了从政治层面上进行分析和批判，因而缺乏说服的力度。

郭沫若还说到孔子"他自己还不曾自认是生而知之的人。他自己的述怀是：'我非生而知之者，好古敏以求之者也。'"不错，孔子自认是"非生而知之者"。准确地说，孔子早年应归入"下愚"一类。孔子是没落的宋国贵族的后代。孔子的述怀是："吾少也贱，故多能鄙事。"（《论语·子罕》）孔子早年在季氏家族里做过委吏（主仓库出纳）、乘田（主饲养牛羊）的贱职。早年"贫且贱"（司马迁语）的生活，是孔子不可能成为"上智"——"生而知之者"的历史原因。

关于"诗与乐"。

郭沫若十分赞赏孔子"学而知之"的好学精神。正是这种精神，使他在"多能鄙事"的环境中习得贵族的礼、文，并注意考察礼的本源及其沿革。

提起诗的功用，郭沫若说："诗里有民间疾苦，有各国风习，有史事殷鉴，也有政治哲理。"这是指《诗经》而言。郭沫若很感激孔子搜集、整理的这部《诗经》。

郭沫若更多的是谈论音乐，并对孔子重视音乐给予高度的评价。他说：

　　孔子也特别注重音乐。他自己喜欢弹琴，喜欢鼓瑟，喜欢唱歌……他把音乐不仅视为自我修养和对于门人弟子的情操教育的工具，而且把它的功用扩大起来，成为了治国平天下的要政。这是"与民偕乐"的意思，便是把奴隶时代的贵族们所专擅的东西，要推广开来使人民也能共同享受。这一点不仅表示了这位先驱者充分地了解得艺术价值，而且也显豁地表示了他所代表着的时代精神。①

先说孔子编修《六经》——《诗》《书》《礼》《乐》《易》《春秋》的问题。

《史记·滑稽列传》有一段关于孔子与"六经"的关系的记述：

> 孔子曰："六艺（即六经）于治一也。《礼》以节人，《乐》以发和，《书》以道事，《诗》以达意，《易》以神化，《春秋》以义。"
>
> 太史公曰："天道恢恢，岂不大哉！谈言微中，亦可以解纷。"

"六经"原先都是官书。钱穆在《国史大纲》一书中说，所谓官书，"即王官学。章实斋谓'六经皆史'，即六经皆政府中（或衙门中）一种档案或文卷，如周官中五史皆是，与最先庙祝之史不同。因之史之所掌亦谓史，故曰'六经皆史'"。这些官书，经孔子悉心编修，作为授课的教材，逐渐在民间流传下来，而孔子是实现"六经"由官向民间流布的第一人。

郭沫若所说的，孔子把贵族专擅的诗与乐向民间推广，让人民也能享受。这个意见是正确的。至于说诗与乐成了孔子"治国平天下的要政"；说孔子把诗与乐向民间推广"表示了他所代表着的时代精神"，则是夸大其词了。

---

① 《十批判书·孔墨的批判》，《郭沫若全集》历史编第 2 卷，人民出版社 1982 年版，第 95 页。

郭沫若承认，孔子的音乐理念存在局限。孔子喜欢《韶》的尽善尽美，次是《武》的尽美未尽善。《韶》与《武》都是古乐。"当时和这古乐对峙的已经有新音乐起来，便是所谓'郑声'，这新音乐却为他所不喜欢，斥之为'淫'。"①孔子的"恶郑声"，说明他对新流行的音乐是抵制的，怎么能说他的音乐理念体现了"时代精神"呢？

关于周礼与梦周公。

郭沫若对"礼"有一个简明而科学的论述："礼，大言之，便是一朝一代的典章制度；小言之，是一族一姓的良风美俗。这是从时代的积累所递传下来的人文进化的轨迹。"②

根据"大言之"这个理论，孔子所遵从的应该是春秋时代的礼仪制度。例如，春秋时代经过改革以后，臣僚们上朝廷拜见君王，只需"拜上"，而免去了"拜下"，简化了手续。然而孔子"虽违众"却固执地坚持"拜下"。这是为什么呢？因为既"拜下"又"拜上"，这是西周文、武之道。这也就是"郁郁乎文哉，吾从周"。坚持"从周"，反映了孔子复古、倒退的文化心态。孔子显然不是一位顺应时代潮流的先驱者。

再说孔子"不复梦见周公"一事，郭沫若从生理学的角度做了如下解释："他（孔子）特别崇拜周公，以久'不复梦见周公'为他衰老的症候而叹息。其实乱做梦倒是衰弱的症候。他的晚年之所以'不复梦见周公'，倒足以证明他已经超过了周公的水准了。"③这种解释是很牵强的。笔者以为，与其从生理原因去附会，不如从心理原因去说明更为妥帖。孔子久"不复梦见周公"，确实是他的精神衰老的征候，进而说明在他的晚年对恢复周代礼仪制

---

① 《十批判书·孔墨的批判》，《郭沫若全集》历史编第 2 卷，人民出版社 1982 年版，第 95—96 页。

② 同上。

③ 同上书，第 96 页。

度（"复礼"）的绝望。

不过，郭沫若还要强化他对孔子的"礼"的理念的赞美：

> 孔子在春秋末年强调礼制，可以从两点来批判他：一层
> 在礼的形式中吹进了一番新的精神，二层是把"不下庶人"
> 的东西下到庶人来了，至少在精神方面。①

郭沫若简直是在为孔子做翻案文章了。但上述两点，郭沫若
提供的例证，难以使人信服。

孔子坚持的礼制，并没有吹进什么"新的精神"，相反倒彰显
了他的带有明显复古倾向的思想路线。

> 孔子谓季氏，"八佾舞于庭，是可忍也，孰不可忍?"②

"八佾"是西周时代的乐舞，八人为一行，即一佾，八佾是八
行六十四人。这种乐舞，系君王专用独享；卿大夫只配享用四佾
的乐舞。然而春秋后期鲁国的季平子，竟然在自家的庭院里，用
"八佾"奏乐起舞，说明他目无君王，践踏了周代的礼仪制度，孔
子因此愤怒，"是可忍孰不可忍"？到了春秋后期，作为上层贵族
季平子，为什么不可以享用"八佾"，难道还要固守周礼吗？

> 礼不下庶人，刑不上大夫。③

郭沫若说孔子把"礼"已经"下到庶人来了"，无论在精神

---

① 《十批判书·孔墨的批判》，《郭沫若全集》历史编第 2 卷，人民出版社 1982 年
版，第 97 页。
② 《论语·八佾》。
③ 《礼记·曲礼上》

上还是在物质上，都是没有根据的。

孔子教育自己的儿子伯鱼时说："不学礼，无以立。"（《论语·季氏》）这意思是说，学礼是一个人立足于上流社会的基本条件。请注意：孔子教育的对象不是"庶人"（奴隶），而是期待着将来步入仕途的伯鱼。学礼以立，显然是不包括"庶人"在内的。

郭沫若援引了《论语·先进》的一条语录："先进于礼乐，野人也；后进于礼乐，君子也。若用之，则吾从先进。"郭沫若并因此诠释道："这些是表现着他（孔子）的进步精神。野人就是农夫，他们所行的礼和乐虽然是非常的素朴，然而是极端的精诚。"①

看来对这条语录有不同的解读。杨伯峻在《论语译注》一书的译文是，孔子说："先学习礼乐而后做官的是未曾有过爵禄的一般人，先有了官位而后学习礼乐的是卿大夫的子弟。如果要我选用人才，我主张选用先学习礼乐的人"。"野人"译为"农夫"恐怕不妥。笔者比较倾向于杨伯峻的译述。其实这条语录也就是"不学礼无以立"的延伸。

公道地说，在《十批判书·孔墨的批判》中，郭沫若对孔子偶尔也是有所批评的。如谈到"拜下""拜上"的问题时，郭沫若说：

　　"拜下礼也，今拜乎上，泰也；虽违众，吾从下。"这就表示得很鲜明，他一只脚跨在时代的前头，一只脚又是吊在时代的后面的。"拜下"是拜于堂下，受拜者坐于堂上，拜者"入门立中廷北向"而拜，这种仪式，我们在西周的金文里可以找到无数例，这是奴隶制下的礼节。等时代起了变革，阶层上下甚至生出了对流，于是拜者与受拜者便至分庭抗礼，

---

① 《十批判书·孔墨的批判》，《郭沫若全集》历史编第 2 卷，人民出版社 1982 年版，第 97 页。

这也正是时代使然。众人都上堂拜，而孔二先生偏要"违众从下"，很明显地是在开倒车。从此可以见得他对于礼，一方面在复古，一方面也在维新。①

其实，在孔子思想中，复古与维新，并非各占一半；复古乃是它的主导。这一点，郭沫若没有说破。

关于"有教无类"。

孔子制定的"有教无类"（《论语·卫灵公》）的教育方针，有着重要的意义。一则体现了孔子将贵族化教育改造为平民化教育的具有战略意义的重大举措；二则，所谓"有教无类"的招生原则，按照孔子的阶级偏见，当然不会包括奴隶（"庶民"），但它包括已经降为平民的、贫困的贵族后代，像颜回便是。颜回确实是破落户的子弟。

郭沫若似乎不这样看。他说："他（孔子）是承认老百姓该受教育的，这和奴隶时代只有贵胄子弟才能有受教育的权利，已经完全不同。他是仁道的宣传者……他也不分贫富，不择对象，他是'有教无类'。"②

"不分贫富"，包括像颜回那样贫困的、已经降为平民的贵族子弟；至于"不择对象"，恐怕还做不到。试问：所谓"老百姓"是否包括奴隶制时代的奴隶？如若包括，是否同《论语·泰伯》"民可使由之，不可使知之"；《论语·阳货》"唯上智下愚不移"相抵牾？所以，"老百姓该受教育"云云，是不符合孔子思想的实际的。

关于"民可使由之，不可使知之"。

---

①　《十批判书·孔墨的批判》，《郭沫若全集》历史编第 2 卷，人民出版社 1982 年版，第 98 页。

②　同上书，第 99 页。

这是连接着议论"有教无类"而产生的问题。郭沫若说："但要说'民可使由之，不可使知之'为愚民政策，不仅和他'教民'的基本原则不符，而在文字本身的解释上也是有问题的。'可'和'不可'本有两重意义，一是应该不应该，二是能够不能够。假如原意是应该不应该，那便是愚民政策。假如仅是能够不能够，那只是一个事实问题。"

郭沫若采用了后一个解释，认为"人民在奴隶制时代没有受教育的机会，故对普通的事都只能照样做而不能明其所以然，高级的事那自不用说了"。

郭沫若把问题复杂化了。其实"可"和"不可"的意思，就是"可以"和"不可以"。孔子说："老百姓可以让他们按照权势者的指使去做，而不可以让他们知道为什么要这样做。"这条语录，明白地反映了孔子的愚民政策。

关于"正名"。

"正名"说应当是孔子的政治主张的核心，也是中国几千年封建制度的重要的支配理论。郭沫若对孔子的"正名"是如何解读的呢？

郭沫若说："他（孔子）生在那么变化剧烈的时代，旧名与新实不符，新名亦未能建立，故他对子路问政主张先要'正名'。谓：'名不正则言不顺，言不顺则事不成，事不成则礼乐不兴，礼乐不兴则刑罚不中，刑罚不中则民无所措手足。'所正的'名'既与'言'为类，正是后起的名辨之名，而不限于所谓名分。故'正名'也就如我们现在小之要釐定学名译名，大之要统一语言文字或企图拼音化那样，在一个社会制度大变革的时代的确是很重要的事。可惜他的关于如何去'正名'的步骤却丝毫也没有留下。"①

① 《十批判书·孔墨的批判》，《郭沫若全集》历史编第 2 卷，人民出版社 1982 年版，第 100—101 页。

郭沫若用"名辨"代替"名分"。子路问的是"政",而郭沫若却把原本属于政治学范畴的"正名",修改成为语言文字学的东西,从而回避了"正名"说的实质,这是必须给予澄清的。

> 子路曰:"卫君待子而为政,子将奚先?"
> 子曰:"必也正名乎。"①

卫国国君期待着孔子去卫施政治国,子路问老师打算先做什么事?孔子答道:"一定要先正名分。"在孔子看来,作为国君,只有名正才能言顺,言顺才能事成,事成才能礼乐兴,礼乐兴才能刑罚中,刑罚中才能使民安定。这便是孔子自成体系的治国方略。

> 齐景公问政于孔子。
> 孔子曰:"君君,臣臣,父父,子子。"②

在等级森严的现实社会里,君臣父子必须各就其位,各谋其职,不可以僭越,不可以篡位,这才是孔子提出"正名"的实质。

孔子讲这番话时候,许多国家已经是卿大夫窃取国家的权位,是"陪臣执国政"的春秋后期,是政局动荡不安的时代。孔子企图用"正名"的政治主张,去阻止正在发生的惨烈的社会变革,通过恢复国君的绝对权威,去建立一个正常的、稳定的社会秩序。这当然是行不通的。

郭沫若却用传说中的原始社会尧、舜的"禅让"制去解释孔子的"正名"的政治主张。他说:

---

① 《论语·子路》。
② 《论语·颜渊》。

认清了孔子的讴歌禅让，也才能够正视他的"君君、臣臣、父父、子子"的那个提示。那是说君要如尧、舜那样的君，臣要如舜、禹那样的臣，父也要如尧、舜那样的父（不以天下传子），子也要如舜、禹的子（"幹父之蛊"）。齐景公不懂得他的深意，照着传统的奴隶社会的观念讲下去，便为"信如君不君，臣不臣，父不父，子不子，虽有粟吾得而食诸？"只顾到自己有饭吃，没有顾到老百姓也要吃饭，但这责任不能归孔子来负。①

其实，齐景公是很懂得孔子的"君臣父子"说的深意的。当时齐国已经是"陪臣执国政"——"君不君，臣不臣"，齐景公已经失去了君王的权威，所以他担心"虽有粟吾得而食诸"？不是没有道理。相反，郭沫若用"禅让"制生硬地去解释孔子的"正名"说，倒是难以使人信服的。

关于"祖述尧、舜"。

提起孔子"祖述尧、舜"，很容易让人联想到当今一部分人描述孔子一样，是一个值得世人关注与讨论的话题。

郭沫若认为，孔子称道尧、舜，是包括称道传说中的禅让制。"所以称道尧、舜，事实上也就是讴歌禅让，讴歌选贤与能了。"

看来郭沫若是沿着孔子的思路去充分肯定原始社会的禅让制的。他说：

尧、舜禅让虽是传说，但也有确实的史影，那就是原始公社时的族长传承的反映。《礼运篇》称之为"天下为公"

① 《十批判书·孔墨的批判》，《郭沫若全集》历史编第2卷，人民出版社1982年版，第103页。

的时代，充分地把这个阶段乌托邦化了，因而成为中国历史上的黄金时期。这动机，是值得我们讨论的。明显的是对于奴隶制时代的君主继承权，即父子相承的家天下制，表示不满，故生出了对于古代原始公社的憧憬，作为理想。假使能够办得到，最好是恢复古代的禅让，让贤者与能者来处理天下的事情。假使办不到，那么退一步，也要如"舜、禹之有天下而不与焉"，"恭己正南面"，做天子的人不要管事，让贤者能者来管事。这动机，在当时是有充分的进步性的，无疑，孔子便是他的发动者。①

根据历史进化的观念，从猿到人，再到尧、舜禅让，人类已经进化到了母系社会的群婚制或多偶制的阶段。

《吕氏春秋·恃君》载：

> 昔太古尝无君矣，其民聚生群处，知母不知父，无亲戚、兄弟、夫妻、男女之别，无上下、长幼之道。

原始社会群居时代，母系成为一种神圣的功能，从怀胎到生育，母系是唯一的伟大的创造者。在"知母不知父"的时代，母系成了氏族的核心。

关于简狄生契的传说。《史记·殷本纪》载："殷契，母曰简狄，有娀氏之女，为帝喾之妃。三人行浴，见玄鸟堕其卵，简狄取吞之，因孕生契。"简狄同母亲有娀氏及元妃三人，一同来到郊外洹水沐浴，见玄鸟生蛋，简狄便取来吞吃了，因此怀孕生契。契，殷代的始祖。

---

① 《十批判书·孔墨的批判》，《郭沫若全集》历史编第 2 卷，人民出版社 1982 年版，第 103 页。

关于姜嫄生后稷的传说。《诗·大雅·生民》歌曰:"厥初生民,时维姜嫄,生民如何?克禋克祀,以弗无子,履帝武敏歆,攸介攸止,载震载夙,载生载育,时维后稷。"姜嫄是周代最初的一位女酋长,有一年春天,她去郊外参加祭祀活动的时候,踩上了天帝的脚印,腹内受到震动而怀孕,生下了后稷。后稷是中国古代伟大的农业发明家。

这两则传说反映了母系社会群婚制或多偶制的情况。简狄吞吃玄鸟的蛋,而卵、蛋自古以来就是男性生殖器(睾丸)的象征,此时简狄沐浴是裸身的,暗喻着她在春游时和某个男人野合而怀孕。同样,古时祭祀活动也是男女欢会最活跃的时节。姜嫄便是在春天祭祀期间怀孕的。因为是群婚、多偶的时代,所以当简狄、姜嫄说不清楚是哪个男人的精虫在自己的肚子里怀胎之时,就假托于吞吃鸟蛋、踩天帝脚印这类美丽的神话,她们生下的契、后稷,当然也就"知母不知父"了。

因此,尧、舜的禅让,并非因为他们是明君,要把权位交给贤者与能者,而是他们不知道哪个是自己的儿子,无法父子传承。

相传尧(或尧和他的兄弟)的两个女儿即娥皇、女英同时嫁给了舜和舜的兄弟象,形成了娥皇与女英是舜与象的共妻,舜与象是娥皇与女英的共夫。娥皇或女英生下儿子,究竟是舜的后代还是象的后代,无法鉴定,所以舜只能让位给另一个部落的族长禹。这绝不是舜的英明,而是母系氏族时代所使然。

不错,孔子对春秋后期的社会现象非常不满。子曰:"觚不觚。觚哉!觚哉!"(《论语·雍也》)"觚"是古代一种盛酒的器皿。孔子眼见的觚,同西周流传下来的,从形状到容量都不一样,颇感名实不符,这才有"觚不觚"的叹息。所以孔子不是对奴隶制时代君主的继承,即父子相承的家天下不满;恰好相反,他是对家天下遭到了破坏,"陪臣执国政"不满。厘清了孔子不满意社会现状的真实原因,我们便可以知道,孔子"祖述尧、舜",是他一生所坚持的复古倒退的政治倾向的表现，毫无进步意义可言。

不过，值得注意的是，在《十批判书·儒家八派的批判》中，郭沫若对于孔子"祖述尧、舜"却持另一种观点。这是在议论"大同"思想的时候，郭沫若说：

> 因为它把原始公社太理想化了。这是一种人类退化观，不用说也就是因为有唯心论成分搀杂进去了的毛病。把原始公社认为人类的黄金时代，以后的历史都是堕落，那是不合实际的。但这却合乎孔子"祖述尧、舜"的实际。他推崇尧、舜，根本是把原始公社的唐、虞时代作为了理想乡看的。①

郭沫若的这番话，指出了孔子的"祖述尧、舜"具有"唯心论的成分"，是"人类退化观"的反映，是符合历史唯物主义精神的。包括尧、舜禅让问题，也应持如是观，原始社会的禅让制，乃是历史进化链条中的一环。

关于孔子否认"地上的王权"。

郭沫若在议论了孔子讴歌尧、舜的禅让和解释孔子的"正名"主张以后说：

> 孔子倒是否认地上的王权的。这与其说是他的特出的主张，无宁是社会的如实的反映。当时的王权事实上是式微了，就是各国的诸侯事实上已经为卿大夫所挟制，而卿大夫又逐渐为陪臣所凌驾，大奴隶主时代的权威已经是被社会否认了。孔子想制作一个"东周"，并不是想把西周整个复兴，而是想

---

① 《十批判书·儒家八派的批判》，《郭沫若全集》历史编第 2 卷，人民出版社 1982 年版，第 135 页。

实现他的乌托邦——唐、虞盛世。①

郭沫若说孔子否认地上的王权，缺乏史实的依据；相反，我们可以举例说明孔子是敬重地上的王权的。

> 三家者以雍彻。子曰："相维辟公，天子穆穆，奚取于三家之堂？"②

仲孙、叔孙、季孙三家祭祀祖先的时候，也用天子之礼，唱着《雍》诗来撤除祭品。孔子说，据《雍》诗载，助祭的是诸侯，天子严肃静穆地主祭。《雍》诗怎么可以被用在三家祭祖的大堂上？孔子对三家祭祖僭越行为的批评，明显地表示了他对天子的权位（地上的王权）的敬重与维护，看不出对王权有任何否认的意思。

> ……
> "然则管仲知礼乎？"
> 曰："邦君树塞门，管氏亦树塞门。邦君为两君之好，有反坫，管氏亦有反坫。管氏而知礼，孰不知礼？"③

管仲是齐桓公的宰相，称霸诸侯。国君宫殿门前立了一块影壁，管仲也在自家门前立一块影壁；国君为设宴招待外国的君主，在堂上设有一个存放酒杯的架子（反坫），管仲家也有这样的架子。孔子因此说："管仲知礼，还有谁不知礼呢？"同样，孔子对

---

① 《十批判书·孔墨的批判》，《郭沫若全集》历史编第 2 卷，人民出版社 1982 年版，第 103—104 页。
② 《论语·八佾》。
③ 同上。

管仲称霸的严厉批评，也再次说明他对国君的绝对权威（地上的王权）的忠心维护。

至于说孔子要建"东周"，郭沫若否认孔子是"想把西周整个复兴"，孔子只是想实现他的恢复"唐、虞盛世"的梦想。

孔子的意图即使是想实现再造"唐、虞盛世"，那也如同他的"祖述尧、舜"一样，这幅蓝图，涂抹了一层浓厚的复古的色彩，实在是不值得称道。

关于孔子的"天命"观。

先说"天"。郭沫若认为，孔子既然否认地上的王权，自然也否认天上的神权。"无疑地他（孔子）是把天或上帝否认了的，只看他说'天何言哉？四时行焉，百物生焉，天何言哉？'他所称道的天已和有意想行识的人格神上帝完全不同。故在他心目中的天只是一种自然或自然界中流行着的理法。"①

郭沫若上引的语录，见《论语·阳货》。我们不否认孔子对"天"的看法有朴素的唯物主义自然观的成分，但并非全部。我们不能以偏概全。

子曰："天生德于予，桓魋其如予何？"②

孔子说："上天赐给我这样的品德，桓魋他能把我怎么样呢？"这是孔子幸免于宋国司马桓魋的追杀以后的自嘲。这里的"天"便是超自然的上帝，是孔子的唯心的宇宙观的反映。

子曰："莫我知也夫！"

---

① 《十批判书·孔墨的批判》，《郭沫若全集》历史编第 2 卷，人民出版社 1982 年版，第 104 页。

② 《论语·述而》。

子贡曰："何为其莫知子也?"

子曰： "不怨天，不尤人，下学而上达。知我者其天乎?"①

孔子抱怨没有人了解他，说"知道我的只有上帝呀!"这里的"天"同样是超自然的上帝。孔子并没有完全否认"天上的神权"。

再说"命"。什么是孔子所说的"命"? 郭沫若做如下解释:

他（孔子）既否认或怀疑人格神的存在，那么他所说的命不能被解释为神定的运命，他的行为是"学而不厌，诲人不倦"……一切都是主张身体力行，颇有积极进取的精神，也不像是一位宿命论者，故我们对于他所说的命不能解释为神所预定的宿命，而应该是自然界中的一种必然性。这种必然性有点类似于前定，是人力所无可如何的。②

郭沫若的解释存在着自相矛盾的地方。一方面认为孔子所说的命，不是"神定的运命"，也不是"神所预定的宿命"；另一方面却又认为，孔子所说的命，是一种"前定"，"是人力所无可如何的"。如此不能自圆其说，说明郭沫若对孔子所言的命，仍然是把握不定。

子曰："道之将行也与，命也；道之将废也与，命也。公伯寮其如命何?"③

———————

① 《论语·宪问》。
② 《十批判书·孔墨的批判》，《郭沫若全集》历史编第2卷，人民出版社1982年版，第106页。
③ 《论语·宪问》。

孔子说："我的政治主张将被实行吗，听之于命运；我的政治主张将被废弃吗，也听之于命运。公伯寮他能把我的命运怎样呢？"这里所说的"命"，显然是指人力所无法控制的命运，即所谓"神定的命运"。郭沫若在文中也援引了这条语录，但他的解释是："对于这种必然性的制御，则是尽其在我。"对于孔子的政治主张，将行将废，不在命而"在我"。郭沫若对这条语录作了完全相反的解释，然而它并不符合《论语》的本意。

　　　伯生有疾，子问之，自牖执其手，曰："亡之，命矣夫！斯人也而有斯疾也！斯人也而有斯疾也！"[①]

伯生（孔子的弟子）患病，孔子去探问他，从窗口握着他的手，说道："难得活了，这是命中注定的呀！这样的人竟有这样的病！这样的人竟有这样的病！"这里的"命"指的是宿命——"神所预定的宿命"。可见孔子思想包含着命定论和宿命论的成分。

然而郭沫若对孔子的命定论仍旧给予高度的评价。他认为孔子"并不是低头于命定的妥协者……他只差这一点没有说明，便是一切都在变，命也在变，人的努力可以扬弃旧命而宰制新命"。言外之意，孔子的命定已经演变成"新命"了。

在郭沫若看来，孔子俨然是奴隶制时代的革命者。"奴隶制时代的汤武能革命，使奴隶制崩溃了的人民也正在革命。孔子是生在这种革命潮流中的人，事实上他也正在参加着必然性的控制的"。一句话，孔子已经"自觉到了自然的趋势所赋与他的新使

———————

① 《论语·雍也》。

命"①。

以上是我们对郭沫若的孔子批判的再批判。孔子究竟是时代的落伍者还是时代的弄潮儿，似乎还有继续讨论的必要。

四 对于子思、孟子的批判

《十批判书》的《儒家八派的批判》篇，第二部分是对于子思、孟轲的批判。

孟轲（孟子）是子思的私塾弟子。子思、孟轲都是子游氏之儒。这一派被荀子痛骂为"偷儒惮事，无廉耻而嗜饮食，必曰君子固不用其力"的"子游氏之贱儒"（《荀子·非十二子》）。郭沫若认为，"贱儒"云云，不包括子游，"说不定也就是指孟轲"。荀子在《修身》里甚至骂这种人为"恶少"，这可能连孟子的门徒也一起骂了。

在《十批判书》里，郭沫若对孔子的思想体系给予了高度的称赞，而对孟子的学说则较多的是理性的批评。

第一是"大同小康"说。

这是包括孟子在内的子游氏之儒的社会理想。《礼记·礼运》曰：

> 大道之行也，与三代之英，丘未之逮也，而有志焉。
>
> 大道之行也，天下为公。选贤与（举）能，讲信修睦。故人不独亲其亲，不独子其子，使老有所终，壮有所用，幼有所长，矜寡孤独废疾者皆有所养。男有分，女有归。货恶其弃于地也，不必藏于己；力恶其不出于身也，不必为己。

---

① 《十批判书·孔墨的批判》，《郭沫若全集》历史编第 2 卷，人民出版社 1982 年版，第 107 页。

是故谋闭而不兴，盗窃乱贼，（止）而不作，故外户而不闭。是谓大同。

今大道既隐，天下为家。各亲其亲，各子其子，货力为己。大人世己以为礼，城郭沟池以为固，礼义以为纪，以正君臣，以笃父子，以睦兄弟，以和夫妇，以设制度，以立田里，以贤勇知，以功为己。故谋用是作，而兵由此起。禹、汤、文、武、成王、周公由此其选也。此六君子者未有不谨于礼者也。以著其义，以考其信，著有过，刑（型）仁讲让，示民有常。如有不由此者，在势者去，众以为殃。是谓小康。

郭沫若认为，"大同小康之说其实也不怎样深远，那只是从原始公社和奴隶制所反映出来的一些不十分正确的史影而已"。郭沫若特别批评了"大同小康"说所反映的是一种唯心论的"人类退化观"。他说，"因为他把原始公社太理想化了。这是一种人类退化观，不用说也就是因为有唯心论的成分掺进去了的毛病。把原始公社认为人类的黄金时代，以后的历史都是堕落，那是不合实际的。但这却合乎孔子'祖述尧、舜'的实际。他推崇尧、舜，根本是把原始公社的唐、虞时代作为了理想乡看的"。应该说，这些批评意见是坚持了唯物史观，是深刻而准确的。

第二是"五行"说。

什么是"五行"呢？《礼记·礼运》曰：

人者，其天地之德，阴阳之交，鬼神之会，五行之秀气也。

天秉阳，垂日星。地秉阴，窍于山川。播五行于四时，和而后月生也。是以三五而盈，三五而阙，五行之动，迭相竭也。五行、四时、十二月，还（旋）相为本也。五声、六律、十二管，还相为宫也。五味、六和、十二食，还相为滑也。五色、六章、十二衣，还相为质也。

人者，天地之心也，五行之端也。

此外，《礼记·月令》还有所谓"五行相生"的说法："立春盛德在木""立夏盛德为火""中气盛德为土""立秋盛德为金""立冬盛德为水"。木、火、土、金、水，周而复始，岁岁循环。

五行说在《中庸》和《孟子》二书中，都没有明确的记述，但《中庸》首句"天命之谓性"，注云："木神则仁，金神则义，火神则礼，水神则智，土神则信。"《孟子·告子上》："恻隐之心，人皆有之，羞恶之心，人皆有之，恭敬之心，人皆有之，是非之心，人皆有之。恻隐之心仁也，羞恶之心义也，恭敬之心礼也，是非之心智也。仁义礼智非由外铄我也，我固有之也。"这里于"五行"中缺一个"信"。其实在《孟子》一书中，"信"即"诚"。而"诚"是"圣人之天道也"。

什么是"天道"呢？"诚者天之道也，思诚者人之道也，至诚而不动者未之有也，不诚者未有能动者也。"（《孟子·离娄下》）

《中庸》对"天道"的解读是："诚者天之道也，诚之者人之道也，诚者不勉而中，不思而得，从容中道，圣人也。"这"从容中道"就是"圣人之天道"。郭沫若说："子思、孟轲都强调'中道'，事实上更把'诚'当成了万物的本体，其所以然的原故不就是因为诚信是位乎五行之中极的吗？故尔思、孟书中虽然没有金木水火土的五行字面，而五行系统的演化确实是存在的。"郭沫若因此认为，这一派的学说，把"五"这个数字，已经"充分地神秘化了"[1]。所以批评它为"甚僻违而无类，幽隐而无说，闭约

---

[1] 《十批判书·儒家八派的批判》，《郭沫若全集》历史编第 2 卷，人民出版社 1982 年版，第 135—136 页。

而无解"（《荀子·非十二子》），是有道理的。

第三是"正心"说。

孟子的"正心"说，是指人的修养身心。"养心莫善于寡欲。"（《孟子·尽心下》）清心寡欲，这是修炼要达到的目标。郭沫若认为，"正心诚意都原于性善，如性不善则心意本质不善，何以素心反为'正'，不自欺反为'诚'？……性善性恶，本来都是臆说，但孟派尚能自圆其说。"①

第四是"格物致知"说。

古书"格""假"二字通用。格物即假借于物。人要假借于物才能有知识，而知识达到尽头便是"知至"。郭沫若认为，这便是孟子所说的，"万物皆备于我矣。反身而诚，乐莫大焉"（《孟子·尽心上》）。

第五是"修齐治平"说。

修身、齐家、治国、平天下，是儒家的治国理念。郭沫若认为，这是孟子演绎出来的。孟子说："天下之本在国，国之本在家，家之本在身。"（《孟子·离娄上》）郭沫若认为，"这便是修身、齐家、治国、平天下之所本"。

应该说，郭沫若对孟子的思想体系进行系统的、深刻的批判，只是就"大同小康"等几个问题展开讨论；而在论述中又注重于史料的比较与鉴别，因此我们很难得知郭沫若在其先秦史研究中对孟子的基本评价。

郭沫若在《十批判书·后记》中写道："在这之后（1943 年 10 月 2 日之后——引者），我曾经'打算开始写《荀子与韩非子之比较研究》或《子思、孟轲之思想体系》，又想把《庄子与惠施》作一彻底之清算'。——十月四日的日记里这样写着。这三项

---

① 《十批判书·儒家八派的批判》，《郭沫若全集》历史编第 2 卷，人民出版社 1982 年版，第 139 页。

课题虽然也酝酿了几天，但都没有照原订计划进行，而我的注意力专门集中到韩非子身上去了。"① 可见，郭沫若曾经打算对孟子思想体系进行研究，但没有实现，我们现在所读到的"子思、孟轲的批判"，就不能视为郭沫若的孟子论了。

五 "十批不是好文章"

笔者因为写这本书而拜读郭沫若的《十批判书》，勾起了对近四十年前往事的回忆。

那是 1974 年 1 月的某日下午，中央各部委在北京的首都体育馆联合召开"批林（彪）批孔（子）"动员大会。其实此动员大会意在"批周公"（周恩来），所以后来在社会上流传的便是"批林批孔批周公"。笔者在中央广播事业局所属的北京广播学院任教，有幸参加了这个万人大会，目睹了周恩来总理的窘境和"四人帮"的跳梁。

大会由带病的周恩来主持，大概是说这个会议开迟了，做了一番自我批评，接着是张春桥或姚文元作动员报告，内容全忘却了，印象比较深刻的倒是江青的表演。江青突然插话了，"郭老来了没有？"奇怪的是，身为全国人民代表大会副委员长的郭沫若，没有在主席台上就座，而是在某个看台上，他只说"来了"二字便沉默不语。江青接着喊叫："郭老是尊孔派；主席说了，'十批不是好文章'。"当时上层政治人物都亲切地称毛泽东为"主席"，"毛"字省略了。所谓"十批"，我当然知道是指郭沫若的史学著作《十批判书》；至于是不是"好文章"，我没有拜读过，只是跟随潮流，迷信"最高指示"，大概"不是好文章"吧！

---

① 《十批判书·后记》，《郭沫若全集》历史编第 2 卷，人民出版社 1982 年版，第473 页。

1974 年已经是十年"文化大革命"的后期，也是猖獗一时的"四人帮"正在走向末路的时候。他们要打倒周恩来（批周公），便以郭沫若的"十批"作为屠戮的工具。

但是，批判郭沫若的总动员会是毛泽东下达的，即来自"最高指示"。这是当年街头传抄的一首不完整的七律：

> 劝君少骂秦始皇，焚书事业要商量。
> 祖龙魂死秦犹在，孔学名高实秕糠。
> 百代都行秦政法，十批不是好文章。

"四人帮"正是拿"最高指示"当令箭，兴妖作怪，在全国掀起了一股"批林批孔""评法批儒"的逆流，弄得百姓不得安宁，而此时中国的国民经济已经濒于崩溃的边缘。它留给后人的教训是十分深刻的。

时隔近四十年后的今天，我终于有机会阅读《十批判书》了。笔者非常敬佩郭沫若渊博的历史知识及其睿智的历史观、雄辩的文风和不知疲倦的探索精神。虽然对孔子不免有过誉之嫌，但他对先秦法家也并非采取一概打倒的态度。如在《十批判书·前期法家的批判》中，对商鞅变法给予了高度的评价。郭沫若说："秦王政后来之所以能够统一中国，是由于商鞅变法的后果，甚至于我们要说秦、汉以后的中国的政治舞台是由商鞅开的幕，都是不感觉怎么夸诞的。"[①] 应该说，这是不带学术偏见的科学的结论。因此，笼统地批评《十批判书》"不是好文章"，就犯了简单化的毛病。

尊孔还是反孔，这原本是可以讨论的学术问题。实际上自秦、

---

① 《十批判书·前期法家的批判》，《郭沫若全集》历史编第 2 卷，人民出版社 1982 年版，第 343 页。

汉以来，这个问题已经讨论了两千年。

但是，自秦始皇焚书坑儒，汉武帝罢黜百家、独尊儒术，直到"孔学名高实秕糠"的运动，这些政治人物都把学术问题政治化了，把尊孔或反孔捆绑在政治的战车上。然而1974年铺天盖地的"批孔"运动，效果怎么样呢？时隔十年之后，即20世纪80年代中期开始出现孔子热，重新推崇孔子为"万世师表"。2011年，国家博物馆甚至一度在天安门广场东侧竖起了一尊巨大的孔子铜像，以供汉民族（孔子的徒子徒孙们）顶礼膜拜。而这便是对"批孔"运动最无情的嘲讽。当然，展出不满百日，不知何故，便悄悄地收回去了……

关于郭沫若"骂秦始皇"。

在《十批判书·吕不韦与秦王政的批判》中，郭沫若用较多的篇幅，将吕不韦与秦始皇进行了全方位的比照，褒吕贬秦。这也是毛泽东要说"劝君少骂秦始皇"的原因。

郭沫若首先对秦始皇在生理上、心理上的缺陷进行评论。"秦王为人蜂准，长目，鸷鸟鹰，豹声，少恩而虎狼心，居约易出人下，得志亦轻食人。"（《史记·秦始皇本纪》）对于秦始皇的生理缺陷，郭沫若的解读是，"鸷鸟鹰，现今医学上所说的鸡胸，是软骨症的一种特征。蜂准，应该就是马鞍鼻，豹声是表明有气管炎。软骨症患者，骨的发育反常，故尔胸形鼻形都呈变异，而气管炎或气管支炎是经常并发的。有这三种症候，可以下出软骨症的诊断。"接着便是议论秦始皇的心理缺陷。"因为有这生理上的缺陷，秦始皇在幼时一定是一位可怜的孩子，相当受了人的轻视。看他母亲的肆无忌惮，又看缪母与太后谋，'王即薨，以子为后'（《吕不韦传》），可见他在那么年青的时候便早有人说他快死，在企图篡他的王位了。这样的身体既不健康又受人轻视，精神发育自难正常。为了图谋报复，要建立自己的威严，很容易地发展向残忍的一路。""少恩而虎狼心"，就是"这种精神发展的表征"。

　　郭沫若从秦始皇是一位"空前的大独裁者"这个论断出发，分析了秦始皇的宇宙观和人生观。

　　先说秦始皇的宇宙观。郭沫若以为，"秦始皇是一位有神论者，而且沿守着秦人的原始信念，怀抱着一个多神的世界"。他很迷信，"封泰山，禅梁父，听信一般方士的鬼话，求神山，求仙人，求不死药"。

　　再说秦始皇的人生观。郭沫若称秦始皇是"非命主义者"。"他想永远长生，而富贵始终在他自己的手里。他那么不可一世的人，被几位狡猾的方士便玩弄得和土偶一样。三神山没有着落，不死药落了空，仙人化为了雾霭，方士们逃跑了。"

　　郭沫若还说秦始皇"又是一位纵欲主义者"。"大约因为不相信命，所以敢于极端享乐。"他的子女相当多，二世胡亥是第十八位王子，可见一斑。秦始皇兼并天下之前，就有不少郑、卫的声色和"随俗雅化"的赵女在他周围；兼并天下以后，他大兴土木，在咸阳北坂仿造各国宫室，咸阳旁二百里内，宫观二百七十，复道甬道相连。"治驰道"也是一项费时多年的工程，没等修完，秦始皇便死了。秦始皇还修筑了阿房宫，后来楚霸王入咸阳，一火而焚，三月不灭，其规模之大，可想而知。

　　郭沫若还批评秦始皇的极端专制的政治统治。"他逐放母亲。囊杀婴儿，逼死有功的重臣，毒杀有数的学者。"

　　说起秦始皇焚书坑儒，郭沫若更是严加痛斥。焚书是在秦兼并天下八年之后。"原因是仍然有人怀疑郡县制而主张分封子弟功臣。结果在这时又让李斯投了一次机。始皇叫他裁判这件事体，他却把它扩大了起来，成为了焚书的禁令。"这结果便是"在严刑峻法的威胁高压之下，普天四海大烧其书，所没有烧的就只有博士的官所职和医药卜筮种树者书而已。博士官所职当在中央，不久再经楚人一炬使秦宫被烧，三月不灭，藏在中央的图书应该也就被烧光了"。

郭沫若对秦始皇焚书做了这样的评断："这无论怎么样说不能不视为中国文化史上的浩劫。书籍被烧残，其实还在其次，春秋末叶以来，蓬蓬勃勃的自由思索的那种精神，事实上因此而遭受了一次致命的打击。"

毛泽东对秦始皇焚书一事却说："焚书事也要商量。"他似乎另有一说。

焚书之后便是坑儒，这是在秦兼并天下的第九年。秦始皇为何要坑儒呢？郭沫若说："起因是方士侯生、卢生等骗了始皇几年，畏罪潜逃，始皇发觉了便恼羞成怒。据他自己说，'吾前收天下书不中用者，尽去之；悉召文学方术士甚众，欲以兴太平；方士，欲以练求奇药。今闻韩众去不报，徐市等费以巨万计，终不得药，徒奸利相告日闻。卢生等，吾尊赐之甚厚，今乃诽谤我，以重吾不德也。诸生在咸阳者，吾使人廉问，或为妖言以乱黔首。'"于是他令御史把咸阳诸生全部抓来审问，诸生互相告密，秦始皇便亲自圈了"为犯禁者四百六十余人"全在咸阳活埋。看来，这是因为方士的逃跑而迁怒到儒生；方士逃了，而四百六十多的儒生被坑了。[①]

关于"法度衡石丈尺，车同轨，书同文"。

历来都把统一度量衡、车同轨、书同文说成是秦始皇的功业，郭沫若对此持有异议。他从金文研究中认为，书同文是"时代的趋势"——"这断然是两周七八百年间自然进化的成果"。统一度量衡也是"以商鞅之法为标准"。世人还把实行郡县制说成是秦始皇的一个功业，但郭沫若指出，"秦郡多沿燕、赵之旧"。还有万里长城的完成也被人称为秦始皇创造的一个伟大的奇迹。但据史料记载，此项工程并不是由秦开始，战国时燕、赵、秦、齐均

① 以上引文参见《十批判书·吕不韦与秦王政的批判》，《郭沫若全集》历史编第2卷，人民出版社1982年版，第427—444页。

已有长城，到秦王政的时候仅把北部的长城联络结成一面而已。

手稿箧——沧海遗粟

余以一九三七年七月回国后此箱手稿遗留日本者垂二十年自以为不可重见矣直至今年四月始由陈诚中同志由日本携回实属喜出望外题此以志始末

一九五七年四月十八日　郭沫若

郭沫若手稿箧

秦始皇用了十年的时间，把六国逐一消灭，这成了他赫赫有名的武功。实际上这是王翦、王贲、王离祖孙三代立下的功劳，其中战功最大的是王翦的攻楚。据史书记载，秦始皇想攻打楚国，问李信需用多少兵马。李信说："不过二十万。"秦始皇又问王翦，王翦说："非六十万人不可。"秦始皇笑道："王将军老矣，何怯也！"起用了李信。王翦因此谢病，回老家频阳。李信、蒙恬分两路攻楚，初战虽然告捷，后来却大败，七都尉阵亡，秦兵溃走。于是秦始皇亲自骑马去频阳向王翦谢罪，请他想法子。王翦终于出兵，率六十万人出征。此时秦、楚之战都是孤注一掷。王翦采用了坚壁高垒的战术，待楚退兵时，再从后追击。楚军大败，并从此一蹶不振。王翦再分兵北并齐、燕，南征百越，中国的局面也就归于统一。

郭沫若书扇面诗

郭沫若因此评论道："王翦的战功是很辉煌的，秦始皇毕竟有过人之处。我们看他那样刚戾自负的人，差不多万事都要自己动手的，偏偏没有带过一次兵。他虽然'粗而不信人'但到情急势迫的时候，他却能够对于贤能者去卑躬屈节，请罪求救。在武力征服上，这是使他成功的要素。对六国、百越他全力信王翦；对匈奴他后来也同样的全力信蒙恬，所以他在军事上的确是成功了。"

然而，郭沫若认为，秦始皇在军事上获得了成功，不等于他在政治上也同样成功。"他（秦始皇）在军事上能信任人才之所以获得成功，也就反衬着他在政治上的完全独裁之所以终归失败。假使他在政治上也能全力信任吕不韦而走他所拟的路线，秦以后的历史也许会是另外一种面貌。"应该说，郭沫若的这个假设是不能成立的。因为秦始皇在政治上执行的是法家的路线，而吕不韦所拟的是儒家兼道家的路线，二者针锋相对，所以秦始皇不可能信任和起用吕不韦，这是历史的必然。

末了，关于秦始皇统一中国的大业，郭沫若作了如下评断：

　　秦始皇的成功一多半是时代的凑成。中国自春秋以来，由十二诸侯而成七国，无论在政治上与思想上所走的都是趋向统一的路线，而始皇承六世的余威，处居高临下的战略地位，益之以六国诸侯的腐败，故他收到了水到渠成的大功，但这并不是说他的方法是正确了。相反的，假如沿用吕不韦的路线下去，秦国依然是要统一中国的，而且统一了之后，断不会仅仅十五年便迅速地彻底崩溃。①

　　战国时代，七雄争霸，实际上是秦、楚两强在争夺天下。

---

　　① 《十批判书·吕不韦与秦王政的批判》，《郭沫若全集》历史编第 2 卷，人民出版社 1982 年版，第 447 页。

附论一　孟子论

孟子名轲，邹国（今山东邹城市）人，生卒年不详，约生于周安王十七年（前385），卒于周赧王十一年（前304），据说他"寿八十四岁"，这在战国时代，应该说是长寿老人了。

孟子出生的时候，孔子去世已经近一百年了，连孔门弟子也都离开了人世。有的学者说，孟子是子思（孔子的孙子）的私塾弟子，此说不确。杨伯峻认为，"即使子思活到八十二岁，距孟子的出生还有十多年。可见这种说法是不可靠的"（《孟子译注·导言》）。还是《史记·孟子荀卿列传》说得对，孟子"受业子思之门人"。孟子自己也承认，"予未得为孔子徒也，予私淑诸人也"（《孟子·离娄下》）。"诸

孟子像（周华斌先生绘制）

人"都是什么人？孟子自己未曾说出，恐怕是一些不见经传的人物吧。

　　战国时代，作为儒家的代表人物之一，孟子对于当时社会现实的态度及其政治主张，受到列国的重视。他走了许多国家，名声大，待遇优，后车数十乘，侍从数百人，所到之国，国君都得馈赠黄金，提供衣食，听他讲道，讨论国事。这是百年前的孔子所无法比拟的。不过孟子也有不得志的时候，如他回到邹国时，在同邹穆公的答问中，大概他的言语过于率直和尖锐，惹得穆公不悦，并停止了馈赠，孟子因此绝粮。这也说明，到了战国时代，儒士已经完全是职业化和行帮化了。

一

　　孟子自认是孔子的忠实门徒。他非常推崇孔子。据杨伯峻统计，在《孟子》一书中，"孔子"一词出现多达 81 次（《孟子译注·孟子词典》）。孟子曰："自有生民以来，未有孔子也。"孟子表示，"所愿，则学孔子也。"（《孟子·公孙丑上》）孟子认为，孔子是夏、商、周三代古圣人之集大成者。"孔子，圣之时者也。孔子之谓集大成。集大成也者，金声而玉振之也。"（《孟子·万章下》）

　　孟子吹捧禹、周公、孔子三位圣人，实际上是为了表露自己的心迹。请看，孟子在议论三位圣人的功德之后，说些什么呢？"我亦欲正人心，息邪说，距诐行，放淫辞，以承三圣者，岂好辩哉？予不得已也。能言距杨墨者，圣人之徒也。"（《孟子·滕文公下》）孟子为孔子死后没有继承者曾经发出这样的感慨："由孔子而来至于今，百有余岁，去圣人之世若此其未远也，近圣人之居若此其甚也，然而无有乎尔，则亦无有乎尔。"（《孟子·尽心下》）这"无有乎尔，无有乎尔"的感喟，实际上是在暗示着他孟子便是孔子的思想学说的继承者。

　　孟子是一位有理想、有抱负的儒者。他说："五百年必有王者

孟子墓像（周华斌先生绘制）

兴，其间必有名世者。"孟子从周武王时代算起，当时已有七百多年了。从年数上看，已经超过五百年；但从时势上看，当时正是圣君出现的时候。（"由周而来，七百有余岁矣。以其数，则过矣；以其时考之，则可矣。"）由这个"可"字引发开去，孟子曰："如欲平治天下，当今之世，舍我其谁？"（《孟子·公孙丑下》）如此雄心勃勃，壮志凌云，反映了孟子当时在政治上很想有一番作为。他虽然没有爬到如孔子的"大司寇"的高位，但后人尊他为"亚圣"，说明他的政治野心实现了。

孟子还是一个唯我论者。"万物皆备于我"这句名言，便道出了孟子以自我为中心的人生态度。"反身而诚，乐莫大焉；强恕而行，求仁莫近焉。"（《孟子·尽心上》）

这种唯我论，还体现在对待人事的求舍得失的态度上。孟子曰："求则得之，舍则失之；是求有益于得也，求在我者也。"（《孟子·尽心上》）

何谓"圣神"？孟子曰："大而化之之谓圣，圣而不可知之之谓神。"（《孟子·尽心下》）"大而化之"是一种精神境界，是圣人必须具备的修养，或者说，是必须具有的能容纳百川的博大的胸襟。

在孟子心目中，孔子便是具备这种品格的圣人。"孔子登东山而小鲁，登泰山而小天下，故观于海者难为水，游于圣人之门者难为言。"（《孟子·尽心上》）应该说，孟子也是具备这种人格修养的儒者。

二

"仁"同样是孟子思想学说的核心，但孟子没有重复孔子的"克己复礼为仁"的观念。孟子曰："夫仁，天之尊爵也，人之安宅也。"（《孟子·公孙丑上》）他还说："三代之得天下也，以仁；其失天下也，以不仁。"（《孟子·离娄上》）说明他对"仁"的高度重视。

孟子对"仁"的解释比较宽泛，但基本上是孔子的"仁者爱人"的延伸。孟子多次提到国君施仁政于民，"（君子）亲亲而仁民，仁民而爱物"（《孟子·尽心上》）。"老吾老，以及人之老，幼吾幼，以及人之幼。天下可运于掌。"（《孟子·梁惠王上》）

孟子还讲"仁义"。所谓仁义，即尚志。孟子曰："杀一无罪非仁也，非其有而取之非义也。居恶在？仁是也。路恶在，义是也。居仁由义，大人之事备矣。"（《孟子·尽心上》）

"杀身成仁""舍生取义"，这是孔、孟的经典，也是儒家最高的道德准则。子曰："志士仁人，无求生以害仁，有杀身以成仁。"（《论语·卫灵公》）孟子曰："生亦我所欲也，义亦我所欲也，二者不可得兼，舍生而取义者也。"（《孟子·告子上》）杀身成仁、舍生取义，已是千古不磨的金言，成了几千年来汉民族的座右铭。郭沫若还据此演绎了《棠棣之花》《虎符》《高渐离》等历史剧。

　　孟子曾经企图用"仁义"去抵制秦、楚的武力征伐。孟子曰："先生以仁义说秦、楚之王，秦、楚之王悦于仁义，而罢三军之师，是三军之士乐罢而悦于仁义。"（《孟子·告子下》）在七雄争霸的战国时代，战争频仍，孟子的设想当然不可能实现。孟子因此不能不有这番感叹："仁之胜不仁也，犹水胜火。今之为仁者，犹以一杯水救一车薪之火也；不熄，则谓之水不胜火，此又与于不仁之甚者也，亦终必亡而已矣。"（《孟子·告子上》）是的，孟子鼓吹的"仁义"，是扑灭不了正在熊熊燃烧的战火的。

　　孟子还讲"仁德"。其宗旨是反对暴力，反对战争，主张以德治国。

　　何谓"仁德"？孟子曰："王如施仁政于民，省刑罚，薄税敛，深耕易耨；壮者以暇日修身孝悌忠信，入以事其父兄，出以事其长上，可使制梃以挞秦、楚之坚甲利兵矣。"（《孟子·梁惠王上》）这同样是主张用"仁德"去挞伐秦、楚的坚甲利兵，然而都未能取得成功。

　　滕文公与孟子有这样一段对话。滕文公说，滕国是小国，现在齐国正在加固薛地的城池，他感到惶恐，问孟子"如之何则可？"孟子答道："昔者大王居邠，狄人侵之，去之岐山之下居焉。非择而取之，不得已也。苟为善，后世子孙有王者矣。"（《孟子·梁惠王下》）原来孟子的"仁德"是主张退让；然而可笑的是，孟子把复兴的希望寄托于"后世子孙"。

　　孟子讲仁义、仁德，贯穿着他的反战思想。"征之为言正也，各欲正己也，焉用战？"（《孟子·尽心下》）他坚信，各国的国君只要能用仁德"正己"，战争是可以避免的。

　　"以力假人者霸，霸必有大国；以德行仁者王，王不待大。……以力服人者，非心服也，力不赡也；以德服人者，中心悦而诚服也。"（《孟子·公孙丑上》）孟子说以德可以征服人心，此话没错，但是以德征服不了天下，只有靠武力才能征服天下。这是历史所证明了的。正如毛泽东所言，"枪杆子里出政权"，此乃绝对真理。

关于"王道"。齐宣王向孟子请教"王政"的时候，有一段很有趣的对话。齐宣王坦率地告诉孟子自己"好货""好色"，该怎么办呢？请看孟子的回答："王如好货，与百姓同之，于王何有？"（《孟子·梁惠王下》）这就是说，全民与王一同"好货""好色"，这便是"王政"——"王道"。岂不怪哉！

所谓"王道"，其实是很虚伪的。这仍是齐宣王与孟子的对话：

曰："若寡人者，可以保民乎哉？"

曰："可。"

曰："何由知吾可也？"

曰："臣闻之胡龁曰，王坐于堂上，有牵牛而过堂下者，王见之，曰：'牛何之？'对曰'将以衅钟'。王曰：'舍之，吾不忍其觳觫，若无罪而就死地。'对曰：'然则废衅钟与？'曰：'何可废也？以羊易之！'"（《孟子·梁惠王上》）

齐宣王所谓"以羊易之"，正是孟子所宣扬的"恻隐之心""不忍心"。然而改用羊作牺牲、祭祀，就忍心吗？孟子因此说"君子远庖厨"。这同样是孟子鼓吹"王政"——"王道"虚伪的本质。

三

关于人性善与不善的问题。

孟子是持"人性善"说的。孟子曰："水信无分于东西，无分于上下乎？人性之善也，犹水之就下也。人无有不善，水无有不下。"这是孟子为反驳告子而说的。告子认为，"性犹湍水，决诸东方而东流，决诸西方则西流。人性之无分于善不善也，犹水之无分于东西也"。告子不同意"人性本善"说，他认为人性无所谓善与不善，如同水可以向东流，也可以向西流。不过，孟子也以为，人也有不善的时候，那是形势所逼成的——"今夫水，搏而跃之，可使过颡，激而行之，可使在山，是岂水之性哉？其势则然也。人之可使为不善，其性亦犹是也"（《孟子·告子上》）。

这仍然是反映告子与孟子在人性问题上对立的观点。告子曰："性无善无不善也。或曰，性可以为善，可以为不善。"告子还举例如尧这样的圣人为君，却有像这样不好的百姓；以瞽叟这样坏的父亲，却有舜这样的好儿子；以纣这样恶的侄子，而且为君王，却有微子启、王子比干这样的仁人。如今说性本善，难道他们都错了吗？（"以尧子启、王子比干。今曰'性善'，然则彼皆非与？"）孟子因此反驳道："乃若其情，则可以为善矣，乃所谓善也。若夫为不善，非才之罪也。"意思是说，从天生的资质看，可以使它善良，这就是我所谓的人性善，至于有些人不善良，不能归罪于他的资质。孟子由此引出了他的"恻隐之心"说。

恻隐之心，人皆有之；羞恶之心，人皆有之；恭敬之心，人皆有之；是非之心，人皆有之。恻隐之心仁也，羞恶之心义也，恭敬之心礼也，是非之心智也。仁义礼智，非由外铄我也，我固有之也，弗思耳矣。[1]

关于人性问题，孟子的思想也有辩证的一面。他在坚持性本

---

[1] 《孟子·告子上》。

善的同时，也承认环境对人性的影响。孟子曰："富岁，子弟多赖，凶岁，子弟多暴，非天之降才尔殊也，其所以陷溺其心者然也。"（《孟子·告子上》）意思是说，丰收年景，少年弟子多懒惰，灾荒年景，少年弟子多暴躁，这不是天生的资质如此不同，是环境使他们的人性变坏（懒、暴）的缘故。

孟子是儒家"心学"的倡导者。

第一是讲"存心"。孟子曰："君子所以异于人者，以其存心也。君子以仁存心，以礼存心。仁者爱人，有礼者敬人。爱人者，人恒爱之；敬人者，人恒敬之。有人于此，其待我以横逆，则君子以自反也：我必不仁也，必无礼也，此物奚宜至哉?"（《孟子·离娄下》）君子要存仁之心，存礼之心，如有过失，便要反躬自问。反省便是君子能否"存心"的基本条件。

第二是"求放心"。"放心"，即指丧失了的善良之心。孟子曰："仁，人心也；义，人路也。舍其路而弗由，放其心而不知求，哀哉！人有鸡犬放，则知求之；有放心而不知求。学问之道无他，求其放心而已矣。"（《孟子·告子上》）人无完人，君子要学会找回已经丧失或正在丧失的善良的心——仁义之心。

由"存心"到"求放心"，是人的自我完善的心理过程。经过这种自我调整的心路历程，孟子所追求的便是返璞归真的童心。孟子曰："大人者，不失其赤子之心者也。"（《孟子·离娄下》）赤子之心，便是仁德心灵最崇高的境界。孟子曰："我四十不动心。"（《孟子·公孙丑上》）孟子说他四十岁以后就不动心了。孟子的"不动心"，他所追求的大概就是赤子之心吧！

孟子还讲"气"。何谓"气"？孟子曰："夫志，气之帅也；气，体之充也……志壹则动气，气壹则动志也。"这个"气"，发自人的体内。孟子说"我善养吾浩然之气"。可是当公孙丑问他"何谓浩然之气"的时候，孟子却说"难言也。其为气也，至大至刚，以直养而无害，则塞于天地之间"（《孟子·公孙丑上》）。

孟子把"气"说得过于玄虚了。

本书第二章第三节提到郭沫若的历史小品《孟夫子出妻》。该小品描写了孟子在夜间沉醉于女色——与妻的云雨之欢，但第二天清晨醒来便感到浑身焦躁，于是在自家园子里光着膀子练气功——养他的浩然之气，即深吸气，长吐气，吐故纳新，如此不知反复做了多少遍。不过，到夜间，躺在铺席上，孟子仍然抵挡不住年轻妻子肉身的诱惑，因此陷于矛盾和痛苦之中。孟子是立志要成为圣贤的，自命是孔子思想学说的继承者，因此在鱼和熊掌不可得兼的情况下，他便向孔子学习，把年轻的妻子"出"了。这就是舍鱼而得熊掌。

四

战国时期，奴隶制正在逐渐被封建制所取代，奴隶不断获得解放，开始拥有属于自己的土地。"民"的问题被社会各阶层所关注，成为当时社会的主流意识。

孟子的民本思想便是在这样的社会思潮中产生的。

孟子曰："民为贵，社稷次之，君为轻。"（《孟子·尽心下》）孟子的民贵君轻说，已经成为儒家学说的经典，它比孔子的"泛爱众""仁者爱人"进了一大步，更显具体与深刻。

孟子曰："圣人治天下，使有菽粟如水火。菽粟如水火，而民焉有不仁者乎？"（《孟子·尽心上》）百姓需要充足的粮食，如同在日常生活中离不开水与火。贤能的人治理天下，就要使百姓过上温饱的日子。民本思想在这里已经化为关心百姓温饱的问题。

孟子曰："易其田畴，薄其税敛，民可使富也。"（《孟子·尽心上》）意思是，贤能的权势者，不仅让百姓有饭吃，还要让他们有田地耕种，减轻税敛，让他们富裕起来，过上小康的生活。这应该是孟子的"民贵君轻"说的最具战略意义的构想了。

　　怎样实现这个构想呢？孟子曰："诸侯之宝三：土地、人民、政事。宝珠玉者，殃必及身。"

　　孟子的民本思想，还反映在他与民同忧同乐、先忧后乐的政治主张上。孟子曰："乐民之乐者，民亦乐其乐；忧民之忧者，民亦忧其忧。乐以天下，忧以天下，然而不王者，未之有也。"（《孟子·梁惠王下》）宋代范仲淹在《岳阳楼记》一文中所抒发的"先天下之忧而忧，后天下之乐而乐"的心志，盖源于此。

　　孟子的"轻君"思想，在先秦儒者中，也是无人可以企及的。孟子对高高在上的大人物，采取了藐视的态度，保持了自己的人格的尊严。孟子曰："说大人，则藐之，勿视其巍巍然。"（《孟子·尽心下》）意思是，你和诸侯说话的时候，你要藐视他，不要把他那种巍巍然的气派放在眼里。如此"轻君"，比起孔子上朝廷拜见国君时主张"拜下"，已经有了飞跃性的进步。

　　孟子曾经大胆地批评梁惠王："不仁哉，梁惠王也！"为什么呢？"梁惠王以土地之故，糜烂其民而战之，大败，将复之，恐不能胜，故驱取所爱子弟以殉之。"（《孟子·尽心下》）意思是，梁惠王为了与他国争夺土地，驱使老百姓去打仗，大败，百姓的尸体都糜烂了。他预备再去打仗，怕不能胜，便驱使他所爱的弟子去死战。

　　又如"鲁欲使慎子为将军"，孟子表示反对。孟子曰："不教民而用之，谓之殃民。殃民者，不容于尧舜之世。"慎子听了勃然大怒。孟子的意思是，慎子不先教导百姓就让他们去打仗，这就是加害于百姓；而这种殃民的行为，在尧舜时代是不容许的。说到底，这还是为了争夺土地，孟子反对"杀人以求之"（《孟子·告子下》）。反对战争，保护农民的土地，应该说是孟子的民本思想的核心。

　　孟子这些具有民主色彩的进步思想，除了受时代的、社会的影响之外，也还由于他自身所具有的善于独立思考和勇于批判的精神品质等主观因素所致。

不过，以上这些并不是孟子思想的全部；孟子思想学说的基本点，仍然是为封建统治者服务的。

在等级分明的社会生活中，孟子的"民贵君轻"思想就显得逊色了。孟子曰："天子一位，公一位，侯一位，伯一位，子、男同一位；凡五等也。君一位，卿一位，大夫一位，上士一位，中士一位，下士一位，凡六等。天子之制，地方千里，公、侯皆方百里，伯七十里，子、男五十里，凡四等……"（《孟子·万章下》）一级一级占有着，一级一级压着，压在最底层的便是农民、庶人。"民贵君轻"在这里已经化为乌有。

实际上，孟子在讲君臣关系的时候，所沿袭的仍然是孔子的"君君，臣臣"的"正名"的政治主张。孟子曰："规矩，方员之至也；圣人，人伦之至也。欲为君，尽君道；欲为臣，尽臣道。"（《孟子·离娄上》）所谓"君道""臣道"，不就是"君君，臣臣"的同义反复吗？而且，孟子把它说成是"规矩"。

总之，孟子虽然传承孔子之道，但他的独立思考与批判的精神，则是他的过人之处。孟子曰："尽信《书》，则不如无书，吾于《武成》，取二三策而已矣。"（《孟子·尽心下》）《书》即《尚书》，《武成》是《尚书》的某一篇名。《尚书》乃"五经"之一，是先秦儒家的一部经典著作。孟子对它竟不尽信，这种精神品质是孔子所不具备的。

又如，子曰："言必信，行必果。"（《论语·子路》）孔子认为，这是上等人（君子）必须遵守的思想行为准则。孟子对此却不以为然。孟子曰："大人者，言不必信，行不必果，唯义所在。"（《孟子·离娄下》）孟子认为，君子说的话未必每一句都信守，所做的事未必每一件都有结果，只要有"义"（道理）就可以了。不错，即使是君子，说话做事难免也有偏颇、失误的时候。孟子此说，是很辩证的。我们可以将它视为孔子的"言必信，行必果"

的补充。

再如，子曰："甚矣，吾衰也！久矣，吾不复梦见周公。"（《论语·述而》）周公姓姬名旦，是孔子所崇拜的古代圣人。在孔子的言谈中，不曾对周公说一个"不"字。然而孟子却敢直言，说古代圣人也会犯错误，周公也犯过错误。在《孟子·公孙丑下》中有一段陈贾与孟子的对话：

> （陈贾）见孟子，
> 问曰："周公何人也？"
> 曰："古圣人也。"
> 曰："使管叔监殷，管叔以殷畔也，有诸？"
> 曰："然。"
> 曰："周公知其将畔而使之与？"
> 曰："不知也。"
> "然则圣人且有过与？"
> 曰："周公，弟也；管叔，兄也。周公之过，不亦宜乎？且古之君子，过则改之……"

周公派管叔去监督殷遗民，管叔却率领殷遗民反叛。这是周公所不曾预料的。周公是弟弟，管叔是哥哥，周公岂能无根据地去怀疑哥哥呢？如果说周公有过错，那便是他派管叔去监督殷遗民这件事。然而"过则改之"，周公不仍然是一位圣人吗？孔子是把周公偶像化了；而孟子却敢于议论周公的过错。孔、孟思想的差异，反映了深刻的社会变革。

孔、孟都有复古的政治倾向。孔子所向往的是西周的奴隶制时代，孟子所向往的是尧舜时代的原始社会。他们虽然做着不同的复古梦，但托古改制的动机却是一致的。

生活在春秋后期的孔子，不能适应奴隶制向封建制急遽转型的社会现实，不能容忍"臣弑君""子弑父"的乱象存在，他因此向往西周盛世。孔子说："周监于二代，郁郁乎文哉，吾从周。"（《论语·八佾》）孔子认为，周代的礼仪制度，它继承了夏、商两代，多么丰富多彩，所以他主张遵从周代。孔子甚至要赞美西周时代的道德风尚。"周德，其可谓至德也。"（《论语·泰伯》）孔子仰慕西周奴隶社会的典章制度和道德伦理风尚，反映了他的保守、倒退的政治立场。

孟子呢？"言必称尧舜。"（《孟子·滕文公上》）孔子虽然也"祖述尧、舜"，但更欣赏的是西周奴隶制时代；而孟子则把传说中的尧舜时代理想化。孟子曰："当尧之时，天下犹未平，洪水横流，泛滥于天下；草木畅茂，禽兽繁殖，五谷不登，禽兽偪人，兽蹄鸟迹之道交于中国。尧独忧之，举舜而敷治焉。舜使益掌火，益烈山泽而焚之，禽兽逃匿。禹疏九河，瀹济、漯而注诸海；决汝汉、排淮泗而注之江，然后中国可得而食也。当是时也，禹八年于外，三过其门而不入。"（《孟子·滕文公上》）

孟子议论尧、舜、禹的功德，是有现实针对性的。孟子曰："圣王不作，诸侯放恣，处士横议，杨朱、墨翟之言盈天下。天下之言不归杨，则归墨。杨氏为我，是无君也；墨氏兼爱，是无父也。无父无君，是禽兽也。公明仪曰：'庖有肥肉，厩有肥马，民有饥色，野有饿莩，此率兽而食人也。'"这是战国时代孟子在世的现状。一方面是诸子蜂起，百家争鸣，杨、墨学派占据主导地位，而儒家则处于下风，这引起了孟子的忧虑。另一方面，这是七雄争霸的时代，战争频仍，"民有饥色，野有饿莩"。在这样的社会背景下，孟子很自然地仰慕尧舜时代那种"人得平上而居之"（《孟子·滕文公下》）的太平景象。孟子的复古梦，似乎具有"乌托邦"的色彩。

总之，孟子的复古梦虽然有别于孔子，但是在政治主张上，孟子与孔子是同调的。孟子曰："欲为君，尽君道；欲为臣，尽臣道。"（《孟子·离娄上》）所谓"君道""臣道"，不就是孔子的"君君，臣臣"的"正名"说的翻版吗？

又如，孟子曰："或劳心，或劳力；劳心者治人，劳力者治于人。治于人者食人，治人者食于人。天下之通义也。"（《孟子·滕文公上》）劳心者即权势者、贵族，他们是统治者（治人者）；劳力者即农民、庶人等体力劳动者，他们是被统治者（治于人者）。被统治者要养活统治者（食人）；统治者靠被统治者养活（食于人）。孟子认为，这是天下共通的道理（通义）。这比起孔子的"上智下愚"等说教，更加体系化了。

五

关于天命观的问题。

孟子曰："天时不如地利，地利不如人和。"（《孟子·公孙丑下》）这里的"天"，显然是指一年四季的自然界。这和孔子说的"天何言哉？四时行焉，百物生焉，天何言哉？"（《论语·阳货》）是一致的，具有朴素的唯物主义的成分。孟子认为，在天时、地利、人和三者之间，"人和"尤为重要。"人和"即人与人之间和睦相处，和平共事。孟子通过比较，揭示了"人和"的重要性，这比孔子说的"和为贵"显得深刻多了。

不过，这不是孟子的主流意识，他基本上是把"天"视为一个不可知的、令人敬畏的东西。孟子曰："顺天者存，逆天者王。"（《孟子·离娄上》）天的意志，人只能顺从，不可违抗。

孟子还说："心之官则思，思则得之，不思则不得也。此天之所与我者。"（《孟子·告子上》）人为什么会有思想？孟子认为，这是天给予的，推而论之，孟子主张性善，也是天的旨意。

关于尧将帝位传给舜的传说，在《孟子·万章上》中有万章与孟子的一段对话：

> 万章曰:"尧以天下与舜,有诸?"
>
> 孟子曰:"否。天子不能以天下与人。"
>
> "然则舜有天下也,孰与之?"
>
> 曰:"天与之。"

尧传舜,这是中国古代母系社会曾经存在的禅让制度。孟子否认这种禅让,或者说孟子当时不理解母系社会的禅让制度,因此把舜称帝说成是"天与之"——天所赐予的。

关于禹传子的传说,在《孟子·万章上》,也有万章与孟子的一段对话:

> 万章问曰:"人有言,'至于禹而德衰,不传于贤而传于子。'有诸?"
>
> 孟子曰:"否,不然也。天与贤,则与贤;天与子,则与子。"

传说中的夏禹不传贤,而传给自己的儿子启,这正反映了中国古代母系社会已经开始过渡到父系社会,多偶制进化为配偶制,禅让制进化为世袭制,知母不知父的时代过去了,所以禹有可能把帝位传给儿子。孟子似乎不理解这种进化,同样把它说成是"天与子"——天把帝位赐予了禹的儿子。

孟子把"爵"(爵位)分为"天爵"与"人爵"两种。孟子曰:"有天爵者,有人爵者。仁义忠信,乐善不倦,此天爵也;公卿大夫,此人爵也。古之人修其天爵,而人爵从之。"(《孟子·告子上》)孟子把"仁义忠信,乐善不倦"归之于天授予的爵位,而"公卿大夫"则是人所追求的爵位。在孟子看来,人的道德修养,是天赐予的,是居第一位的,而追求功名富贵,则居从属的地位。

同样，"诚"也是属于天的道德范畴。孟子曰："诚者，天之道也；思诚者，人之道也。"（《孟子·离娄上》）这就是说，"诚"是先天存在的，具备"诚"这种优秀的品质，则是人所追求的。在这里，"诚"与"思诚"便是天与人的关系：诚是天然的，思诚是人为的。

孟子所说的"天"有时也指天命。孟子曰："尽其心者，知其性也。知其性，则知天矣。存其心，养其性，所以事天也。夭寿不贰，修身以俟之，所以立命。"（《孟子·尽心上》）孟子认为，人扩张了善良的本心，就会知道人的本性；知道了人的本性，也就知道天命了。保存人的本心，培养人的本性，这就是对待天命的方法。短命也罢，长寿也罢，我不会有二心，只是修身等待立命。孟子讲天命，其目的就是教人修身立命。

孟子有时把"命"解为命运。孟子曰："莫非命也，顺受其正；是故知命者不立乎危墙之下。尽其道而死者，正命也；桎梏死者，非正命也。"（《孟子·尽心上》）孟子认为，人的思想行为，包括人的归宿，都要受命运的支配，顺着命运行事的人，所接受的便是正命。所以知命的人是不会站在快要坍塌的墙下，即不会做违抗命运的事，为坚持自己的信仰而死的人，所受的便是正命——死得其所；犯罪而死的人，所受的不是正命——死有余辜。在命运支配下，人要知命、顺命，要修身立命，这就是孟子的天命观。

孟子讲天命，喜欢同修身、养心联系在一起。孟子曰："天将降大任于斯人也，必先苦其心志，劳其筋骨，饿其体肤，空乏其身，行拂乱其所为，所以动心忍性，曾益其所不能。"（《孟子·告子下》）这番修身的功夫，不是普通的人所能做到的。

如何养心呢？孟子曰："养心莫善于寡欲。"（《孟子·尽心下》）养心最好的方法是寡欲。寡欲，即淡薄物欲、性欲，即淡薄

"好货""好色"。如孟子所言："好色，人之所欲，妻帝之二女，而不足以解忧；富，人之所欲，富有天下，而不是以解忧；贵，人之所欲，贵为天子，而不足以解忧。"（《孟子·万章上》）淡薄富贵，淡薄女色，对于男人来说，几乎很难做到，所以孟子要劝有进取精神的男人养心，以达到寡欲。

关于伦理观的问题。

关于孝悌。

孟子曰："尧舜之道，孝弟（悌）而已矣。"（《孟子·告子下》）这是孟子在回答曹交问"人皆可以为尧舜，有诸？"时说起的。意思是，人想成为尧舜不难，只要做到孝悌就可以了。

什么是不孝呢？孟子曰："亲之过大而不怨，是愈疏也；亲之过小而怨，是不可矶也。愈疏，不孝也；不可矶，亦不孝也。孔子曰：'舜其至孝矣，五十而慕。'"（《孟子·告子下》）人们对父母大的过错不抱怨，却疏远他们，这是不孝。对父母小的过错抱怨，这是反过来激怒自己，也是不孝。看来，做孝子并不容易。孟子援引孔子的话说："舜是最孝顺的人，到五十岁还依恋着父母。"这就是孟子所鼓吹的孝道。

人随着年龄的增长，所爱慕的对象也不同。孟子曰："人少则慕父母，知好色则慕少艾，有妻子则慕其妻子；仕则慕君，不得于君则热中。大孝终身慕父母。五十而慕者，予于大舜见之矣。"（《孟子·万章上》）孟子在这里提出了"大孝"的标准，即终身侍奉父母，舜便是一个榜样。

孝与不孝，还牵涉有后、无后的问题。孟子曰："不孝有三，无后为大，舜不告而娶，为无后也，君子以为犹告也。"（《孟子·离娄上》）第一，"无后"——不娶无子，是最大的不孝；第二，"阿意曲从，陷亲不义"；第三，"家贫亲老，不为禄仕"。孟子以舜为例，说舜娶妻没有事先禀告父母，但舜是因为担心无后，所以君子认为这也就等于禀告了。

本书第二章第三节已提到传说中舜娶妻的事。舜与象兄弟二人，是娥皇与女英姐妹二人的共夫，娥皇与女英是舜与象的共妻。娥皇或女英生下的子女，只知其母不知其父，这是母系社会多偶制的特征，因此不存在舜担心无后的问题。到了孟子的时代，男权统治已经非常牢固，禅让制已被世袭制所取代，因此，有后、无后成了重要的社会问题。然而孟子把舜娶妻说成是担心无后的问题，这只是一种托词罢了。

实际上，孟子从传说中知道舜、象兄弟二人与尧之二女的感情纠葛。我们从《孟子·万章上》中可以发现一些蛛丝马迹。

> 万章曰："父母使舜完廪，损阶，瞽瞍焚廪。使浚井，出，从而揜之。象曰：'谋盖都君咸我绩，牛羊父母，仓廪父母，干戈朕，琴朕，张朕，二嫂使治朕寝。'象往入舜宫，舜在床琴。象曰：'郁陶思君尔。'忸怩。舜曰：'唯兹臣庶，汝其于予治。'不识舜不知象之将杀己与"？

翻译成白话是，万章说："舜的父母叫舜去修缮谷仓，等舜上了屋顶，便把梯子抽掉，他父亲瞽瞍还放火焚烧谷仓［幸亏舜设法逃下］。后来又叫舜去淘井，［瞽瞍不知道舜从井下的洞穴出来了，］便用土填塞井口。象说：'谋害舜都是我的功劳。牛羊分给父母，仓廪也给父母，干戈归我，琴归我，张弓归我，二位嫂嫂替我铺床叠被。'象向舜的住房走去，舜正坐在床边弹琴。象说：'哎呀，我好想念你啊！'神情却很不自然。舜说：'我想念着这些臣下和百姓，你替我管理吧！'我不明白舜难道不知道象要杀他吗？"象搞了许多阴谋诡计，企图杀掉舜，以夺取舜的帝位，并独占娥皇、女英为妻。可见，共夫共妻现象，是会引发兄弟之间的矛盾和斗争的。

舜当然觉察出象图谋不轨，所以断然采取了措施。

万章问曰："象且以杀舜为事，立为天子则放之，何也?"

孟子曰："封之也；或曰放焉。"（《孟子·万章上》）

舜立象为天子，封地有庳，实则是流放象了。这也说明，孟子知道舜与象存在着矛盾，为担心无后而娶妻，只是一个托词罢了。

关于嫁娶。

关于男女之间的关系，孟子有着严格的规定。孟子曰："男女授受不亲，礼也。嫂溺，援之以手者，权也。"（《孟子·离娄上》）嫂子溺水了，伸手去救她，这是不得已的变通的办法。这种男女之大防，含有性别歧视的意味。

男女婚嫁，必须遵从父母之命，媒妁之言。孟子曰："丈夫生而愿为之有室，女子生而愿为之有家。父母之心，人皆有之。不从父母之命，媒妁之言，钻穴隙而窥，踰墙相从，则父母国人皆贱之。"（《孟子·滕文公下》）男女婚事，倘若不遵从父母之命，媒妁之言，而私下偷偷相会相从，就会遭到父母乃至国人的唾骂，以为下贱。《诗经》时代那种男女自由恋爱的风气，已不复存在了。当时的种种清规戒律束缚着青年男女。

女人出嫁以后，必须顺从丈夫，这也是封建宗法制度规定的"妾妇之道"。孟子曰："丈夫之冠也，父命之；女子之嫁也，母命之。往送之门，戒之曰：'往之女嫁，必敬必戒，无违夫子。'以顺为正者，妾妇之道也。"（《孟子·滕文公下》）妻子不可违抗丈夫，只有顺从才是正道，也就是"妾妇之道"。应该说，孟子深化了孔子的妇女观，它成了几千年封建宗法制度歧视和压迫妇女的理论基础。在等级森严的封建宗法制度下，妇女被压在了社会的最底层。

关于"三年之丧"。

三年之丧始于何时？郭沫若以为，始于春秋时代，"三年的服制是孔子所创立的"。这种三年服丧的制度，到孟子的时代就已经行不通了。

据《孟子·滕文公上》载，滕文公死了，然友来到邹国向孟子请教关于丧葬之事宜。孟子曰："不亦善乎！亲丧，固所自尽也。曾子曰：'生，事之以礼；死，葬之以礼，祭之以礼。可谓孝矣。'诸侯之礼，吾未之学也；虽然，吾尝闻之矣。三年之丧，齐疏之服，饣粥之食，自天子达于庶人，三代共之。"在这里，孟子把三年之丧，说成是夏、商、周三代共同遵守的服丧制度，是缺乏史实根据的。

然友回去以后，决定对滕文公行三年之丧，却遭到滕国官民一致的反对，"然友反命，定为三年之丧，父兄百官皆不欲，曰：'吾宗国鲁先君莫之行，吾先君亦莫之行，至于子之身而反之，不可。'"既然行不通，孟子却要坚持，反映了他的思想因循守旧的一面。

六

末了，笔者要写下读《孟子》的几点感想。

如同孔子一样，孟子也是一个复杂的文化载体。研究孟子，切忌形而上与简单化。离开孟子生活的时代背景和社会环境，都不可能写出历史的孟子、真实的孟子。

第一，孟子的思想学说，自汉武帝以来，是为尊奉儒家的历代封建统治者所器重、所利用的。他和孔子一样，是历代权势者的圣人。当孟子说"劳心者治人，劳力者治于人"的时候，毫无疑问，他是"治人"者的代言人。

然而，在等级已经分明的战国时代，孟子主张"民为贵，社稷次之，君为轻"，他敢于藐视权贵，主张君与民同忧同乐、先忧后乐等民本思想，便是民主性的精华，值得我们传承与发扬。

第二，孟子的思想体系，包括唯心与唯物的二重性。如对"天"的看法。孟子曰："天时不如地利，地利不如人和。"这里的"天"便是指一年四季的自然界；"天时"即顺应大自然的规律。这是唯物主义的自然观。

但是，在更多的时候，孟子是把"天"视为不可知的神。孟子曰："顺天者存，逆天者亡。"天成了有意志的神，顺者存，逆者亡。孟子甚至把尧传舜、舜传禹这种母系社会的禅让制，以及禹传子这种男权中心的世袭制，统统说成是"天与之"——天授予的。这些都是宣扬神秘主义的唯心哲学。此外，孟子的"性善"论、心学、修身学，基本上也属于唯心论的范畴。

第三，孟子的思想学说，既有唯心哲学的成分，但也含有朴素的辩证法，时时闪现出真理的火花。孟子曰："人有不为也，而后可以有为。"（《孟子·离娄下》）"不为"与"有为"是对立的词组。人受客观的、主观的条件限制，只能有所不为，才可以有为。孟子的这个哲学命题，无疑是正确的。

"得"与"失"也是对立的词组，孟子曰："求则得之，舍则失之，是求有益与得也，求在我者也。"（《孟子·尽心上》）有所得必有所失，有所失才会有所得，这是对立统一的关系。正如孟子既喜欢"鱼"（女色），又喜欢"熊掌"（官位），在二者不可兼得时，孟子舍鱼而求熊掌。这就是有所失才有所得。

圣人、伟人会不会犯错误？古往今来，这是人们热议的话题。我们通常习惯于为尊者讳，把圣人、伟人神化、圣化。然而孟子却敢于承认古圣人周公也曾有过错，没有把周公神圣化、偶像化，对周公采取了一分为二的态度。如同后人所言："金无足赤。人无完人。"周公有过，周公也不是完人。

第四，孟子对孔子思想学说进行了补充、修正与发展。孟子传承了孔子的思想学说，孔、孟是先秦儒学的创立者，后人称为

"孔孟之道"。然而孟子对孔子不是简单的重复。随着历史的变迁和社会的进步，在百家争鸣的时代，孟子在继承孔子思想学说的基础上，已经有所补充、修正与发展。比之《论语》，《孟子》一书不仅篇幅扩大了，文化内涵更显丰富与多元，理论阐述更显深邃与较多的主观色彩，章句结构也更显缜密与整齐。

例如对先秦儒学的"仁"，孔子说"仁者爱人"，孟子则把它具体化。"老吾老，以及人之老；幼吾幼，以及人之幼"。孔子说"杀身成仁"。孟子则补充道："舍生取义"。孟子还以"仁义"建立他的反战思想。又如孝悌。孟子也爱讲孝悌。"尧舜之道，孝弟（悌）而已矣。"不过，孟子把"孝"的概念加以扩大了。"不孝有三，无后为大"。孟子把"有后""无后"作为衡量"孝"与"不孝"的道德准绳，这同战国时代封建宗法制度开始形成、等级制度已经分明的社会环境有着直接的关系。男权中心关于爵位、财产、宗室等的继承权与话语权，便成了"有后""无后"的重大社会问题。

孟子对孔子的思想学说也做了某些必要的修正。如孔子强调对待古代圣贤的著作"述而不作"，孟子则认为，"尽信《书》，不如无书"，他更注重自我的独立思考与批判的精神。孔子讲"言必信，行必果"。孟子却唱了反调，说"言不必信，行不必果"。实际上，他们二人的出发点不相同。孔子是对君子的言行提出道德的要求，而孟子注重检验君子言行的实际效果。

尤其值得注意的是孟子对孔子思想学说的发展。孟子曰："民为贵，社稷次之，君为轻。"这种民本思想，是孔子所不具备的。孟子还说："诸侯之宝三：土地、人民、政事。"这是他的"民为贵"思想的具体化。他要求诸侯关心农民的利益。

如何看待贫与富，这是涉及人格修养的问题。孔子曾经表扬他的弟子颜回："贤哉，回也！一箪食，一瓢饮，在陋巷，人不堪其忧，回也不改其乐。贤哉，回也！"（《论语·雍也》）说明颜回安贫而乐道，关于富贵，孔子说"不义而富且贵，于我如浮云"（《论语·述而》）。这是以义为要。孟子则从理论上做了高度的概括。孟子曰："穷则独善其身，达则兼善天下。"（《孟子·尽心上》）颜回的"不改其乐"，孟子用他的心学概括为"独善其身"。孟子曰："富贵不能淫，贫贱不能移，威武不能屈，此之谓大丈夫。"（《孟子·滕文公下》）孟子认为，富贵不能乱我之心，贫贱不能改变我之志，威武不能屈我之节，这是大丈夫的人格标准。理论的升华，已经赋予了它深刻的哲学的意味。

此外，孟子曰："君子所以异于人者，以其存心也。"（《孟子·离娄下》）孟子的心学，即其存心、养心、不动心，求放心说，也是对孔子思想学说的发展，对后来的宋明理学有着深远的影响。当然，这种影响也带有唯心的、负面的成分。

孟子曾经称赞孔子登东山而小鲁，登泰山而小天下。其实孟子同样不愧是一位具有登高远眺的精神气质的历史人物。这种精神气质，也是留给我们民族的一份珍贵的文化遗产。

附论二　孟子再论

一

写完《孟子论》，似乎言犹未尽，于是提笔写这篇"再论"。

我们知道，先秦儒家文化之传统精神，是孔孟之道。"仁义"二字便是孔、孟思想学说的核心，它成为中华民族沿袭几千年的至高的道德修养的准绳。

孔子讲"仁"。子曰："志士仁人，无求生以害仁，有杀身以成仁。"（《论语·卫灵公》）孟子也讲"仁"，不过他补充了"义"。孟子曰："生亦我所欲也，义亦我所欲也，二者不可得兼，舍生而取义者也。"（《孟子·告子上》）杀身成仁，舍生取义，构成了中国自古以来精神文明建设的璀璨的结晶。

当然，反儒的批评家，却从"仁义"二字窥察出儒家思想文化的虚伪性。鲁迅在小说《狂人日记》中这样描述："我（狂人——引者）翻开历史一查，这历史没有年代，歪歪斜斜的每页上都写着'仁义道德'几个字。我横竖睡不着，仔细看了半夜，才从字缝里看出字来，满本都写着两个字是'吃人'。"这真是触目惊心的发现。

话说回来。先秦儒家文化，孔子是创立者，经过他的门徒以及孟子等儒者后来不断完善，而成为一个完整的科学体系。

西汉中叶，司马迁在《史记》的《孔子世家》一文中，较详尽地记述了孔子一生的经历及其不朽的业绩，并作了如下评语：

> 太史公曰：《诗》有之："高山仰止，景行行止。"虽不能至，然心向往之。余读孔氏书，想见其为人。适鲁，观仲尼庙堂车服礼器，诸生以时习礼其家，余只迴留之不能去云。天下君王至于贤人众矣，当时则荣，没则已焉。孔子布衣，传十余世，学者宗之。天子王侯，中国言《六艺》者折中于夫子，可谓至圣矣。

司马迁是怀着深厚的崇敬之情写这段评语的。他认为，出身布衣的孔子，至西汉已经传了十几代，迄今仍被诸多儒生传承与发扬。孔子的声望已经远远超过天子王侯；甚至称孔子为"至圣"。这些具有前瞻性的认识，反映了司马迁的唯物主义的历史观。

对于孟子，司马迁又是如何评论的呢？

在《史记》里，司马迁把孟子与荀子放在一起，题为《孟子荀卿列传》。文章评论孟子的文字不多，着重批评了孟子复古保守的政治倾向。孟子曾经游说齐、梁等国，都未被重用，他的政治主张不合时宜。"当是之时，秦用商鞅，富国强兵，楚、魏用吴起，战胜弱敌，齐威王、宣王用孙子、田忌之徒，而诸侯东面朝齐。天下方务于合从（纵）连衡，以攻伐为贤；而孟轲乃述唐、虞、三代之德，是以所如者不合。"如果说孔子的复古是倒退到西周的奴隶制时代；孟子的复古则是倒退到尧舜禹三代的原始社会。司马迁的批评击中要害，令人叹服。

然而孟子补充并丰富了孔子的思想学说，《孟子荀卿列传》却丝毫没有提及。这难道是司马迁个人的好恶与偏见吗？

二

鲁迅在《十四年的"读经"》（《华盖集》）一文中说："我几乎读过十三经。""十三经"，指古代的十三部经书，即《诗》《书》《易》《周礼》《礼记》《仪礼》《公羊传》《谷梁传》《左转》《孝经》《论语》《尔雅》《孟子》。这是儒家的十三部经典。

据史料记载，《论语》一书是战国初年以曾参的门人为主编订的。但是到西汉《论语》仍有《鲁论》《齐论》《古论》等不同本子流传；直到东汉才由郑玄统一，即《论语》二十篇。

至于《孟子》一书，大约在西汉就已经问世，司马迁说他读过《孟子》书。到东汉便出现《孟子》的注本，最早的注本是赵岐的《孟子章句》。

虽然如此，《孟子》升为经书，却要迟得多。据载，南宋淳熙年间（1174—1189 年），朱熹编撰《四书章句集注》（《四书》即《大学》《中庸》《论语》《孟子》）。《孟子》这才被提升为儒士必读的一本经书。

关于孔子、孟子的谥号。

司马迁在《孔子世家》一文中最早尊孔子为"至圣"。据载，汉王朝谥孔子为"至圣先师"。唐开元二十七年（公元 739 年）追谥为"至圣先师文宣王"。宋大中祥符五年（1012 年）改谥为"至圣文宣王"。明嘉靖九年（1530 年），在孔庙立牌位，题"至圣先师孔子神位"。清顺治二年（1642 年）定谥号为"大成至圣文宣先师孔子"。孔子的帽子越戴越高，权势者把孔子抬到了吓人的高度。

孟子的谥号呢？

最早称孟子为"亚圣"的是东汉经学家赵岐，但没有被汉王朝所采用。直到南宋朱熹编撰《四书章句集注》，将《孟子》一书提升为儒家的经书；靠着朱熹的声望，孟子这位先秦儒家才开始受到封建朝廷的重视。元文宗年间其被谥为"亚圣邹国公"。明嘉靖时，废除封爵，只剩"亚圣"这顶帽子。

首先，这说明，在权势者眼里，孔子可以封爵，如"文宣王"之类；孟子却不可以。其次，虽说孔、孟并称，但在实际上孟子在人们心目中的地位和影响力，要比孔子逊色得多，二者是不能并列的。

三

《史记》没有彰显孟子的业绩，绝不是因为司马迁个人的好恶与偏见，而是当时的儒者对孟子思想学说认可的程度有限。

据《韩非子·显学》载，孔子死后，儒家分八派，"有子张之儒，有子思之儒，有颜氏之儒，有孟氏之儒，有漆雕氏之儒，有仲良氏之儒，有孙氏之儒，有乐正氏之儒"。韩非子把子夏氏之儒除外了。据郭沫若说："韩非子承认法家出于子夏，也就是自己的宗师，故把他从儒家中剔除了。"[①] 在儒家八派中，孟氏（孟轲）之儒并不占据主导地位。至西汉中叶，这种情况恐怕没有太大的改变，这也许是太史公冷落孟子的一个原因吧。

关于孙氏之儒。这是荀子的一派。荀卿又称孙卿，赵国人。他这一派在战国后期是一大宗。他游说于齐，曾为稷下先生；后应春申君之邀入楚而为兰陵令，地位显赫。

荀子当时对"孟氏之儒"有过尖锐的批评。

《荀子·非十二子》曰：

---

① 《十批判书·儒家八派的批判》，《郭沫若全集》历史编第 2 卷，人民出版社 1982 年版，第 126 页。

略法先王而不知其统，犹然而材剧志大，闻见杂博，案往旧造说，谓之"五行"，甚僻违而无类，幽隐而无说，闭约而无解。案饰其辞而祇敬之，曰："此真先君子之言也。"子思倡之，孟轲和之。世俗之沟犹瞀儒，嚾嚾然不知其所非也，遂受而传之，以为"仲尼、子游为兹厚于后世"。是则子思、孟轲之罪也。

荀子甚至痛骂思、孟学派为"偷儒惮事，无廉耻而嗜饮食"，如此刻薄的言辞，对孟子的名声，自然会造成极大的伤害。

四

这里有一个值得注意的问题，这便是孟子的身份。

笔者在这本书《附论一》中曾经援引孟子的话，"予未得为孔子徒也，予私淑于诸人也。"（《孟子·离娄下》）孟子之所以没有交代"诸人"都是什么人，恐怕他们是一些不见经传的老师。因此孟子不能算是孔门的嫡传弟子，即他自己所承认的，"予未得为孔子徒也"。虽然孟子诚恳地表示，"所愿，则学孔子也"（《孟子·公孙丑上》）。但这也无济于事，不足以改变他卑微的身份。同一时代的荀子蔑视孟子，敢于抨击孟子之儒为"偷儒""贱儒"，大概就是由于孟子非孔门嫡传弟子的缘故吧！

唐代韩愈在《送孟东野序》一文中，提出了"不平则鸣"的理论，由物及人，"物不得其平则鸣……人之于言也亦然，有不得已者而后言"。文章列举了包括孟轲在内，"以道鸣者也"。百家争鸣的时代，孟子的雄辩，就是"以道鸣者"，是为宣传与捍卫儒家思想学说而争鸣，在诸子百家中为儒家争一席之地。

《孟子》一书，虽然迟至南宋靠朱熹的提携，才得以晋升为儒家的经书之一，但这丝毫不能动摇孟子及其学说在中国思想史、文化史上的重要地位。两千多年来，一方面是中国的有识之士，逐渐认识到孟子对补充与完善孔子的思想学说所做出的重要贡献；另一方面是广大民众从《孟子》一书中汲取了丰富的营养，对先秦儒家的思想文化，有了更加全面、系统的了解。

虽然，《孟子》一书难免存在着时代的局限，但它的精华已经融会在百姓的血液中，仁义道德已经成为中华儿女遵循的最高的道德准绳。

如今孔子学院遍布五大洲，以孔孟之道为核心的儒家文化的博大精深，正在让各国人民感受到几千年华夏文明的独特的魅力。

笔者相信，在多元文化交融的国际舞台上，儒家文化将会越来越显现其灿烂与辉煌。

后　记

　　我的野心很大，在论完孔、孟之后，还想写老庄论、墨子论、韩非子论，构成先秦诸子五论。不过，这个美好的愿望，恐怕很难实现。这主要是我患有眼疾，视力极弱，看书写字都很吃力。因此，此项计划，可能化为泡影。

　　我要感谢中国社会科学院老干部局批准我的此项研究课题，并对我的著述给予热情的支持与鼓励；感谢中国社会科学出版社的同志们为本书出版付出的辛勤的劳动；感谢周华斌先生为本书绘制的《孟子》《孟墓》像。

　　本书涉足史学研究领域，不当之处，敬请读者批评指正。

黄侯兴

2012 年 9 月 17 日